マンガでわかる

# 大霊界

原案・脚色 隈本正二郎
漫画 稲葉 稔

展望社

マンガでわかる

# 大霊界

マンガでわかる
大霊界
原案・脚色 隈本正二郎
漫画 稲葉 稔

# 序章

## 目に見えない霊の世界は確かに存在する

人間の目に映り
物音の聞こえる「現象界」は
宇宙的規模でみたら
ほんの氷山の一角にすぎない

幾千万年 生まれ死んで
人霊となった数のほうが
人類の数よりも多い
目に見えない世界は膨大である

ガァァーッ
ガガガガーッ
魔の踏切
危険！

ピーポ
ピーポ
ピーポ
ひひひっ

ドドドーン
ザパーン!
ヒュゥー
自殺者に告ぐ
父や母が
悲しむぞ
事故が多発し自殺者が数多く
訪れたりする場所には
霊の作用がある
悪霊は自分の取り憑く相手を
うかがっている
ひひひっ
もう一度
思い直せ
早まるな
……

ブォォーン
ひひひっ
注意！
魔のカーブ
事故多発
ブォー
わっ
キキーッ
ガガガッ
ボンッ
ゴオーッ
ひひひっ

ある日
日本神霊学研究会
日本神霊学研究会
長崎聖地
ああ
この建物だ
お帰り
なさいませ
上林さんの紹介の
田村と申します
昨日　聖師教様に
アポをとりました
お待ちして
おりました

応接室
コンコン
失礼いたします
ガチャ
聖

上林さんから紹介いただきました田村です
お待ちしておりましたどうぞ
原因不明の肩こりにお悩みとか…何か心当たりはありますか？
ええ……
聖
去年 地元の野球チームを乗せたマイクロバスを運転していたのですが

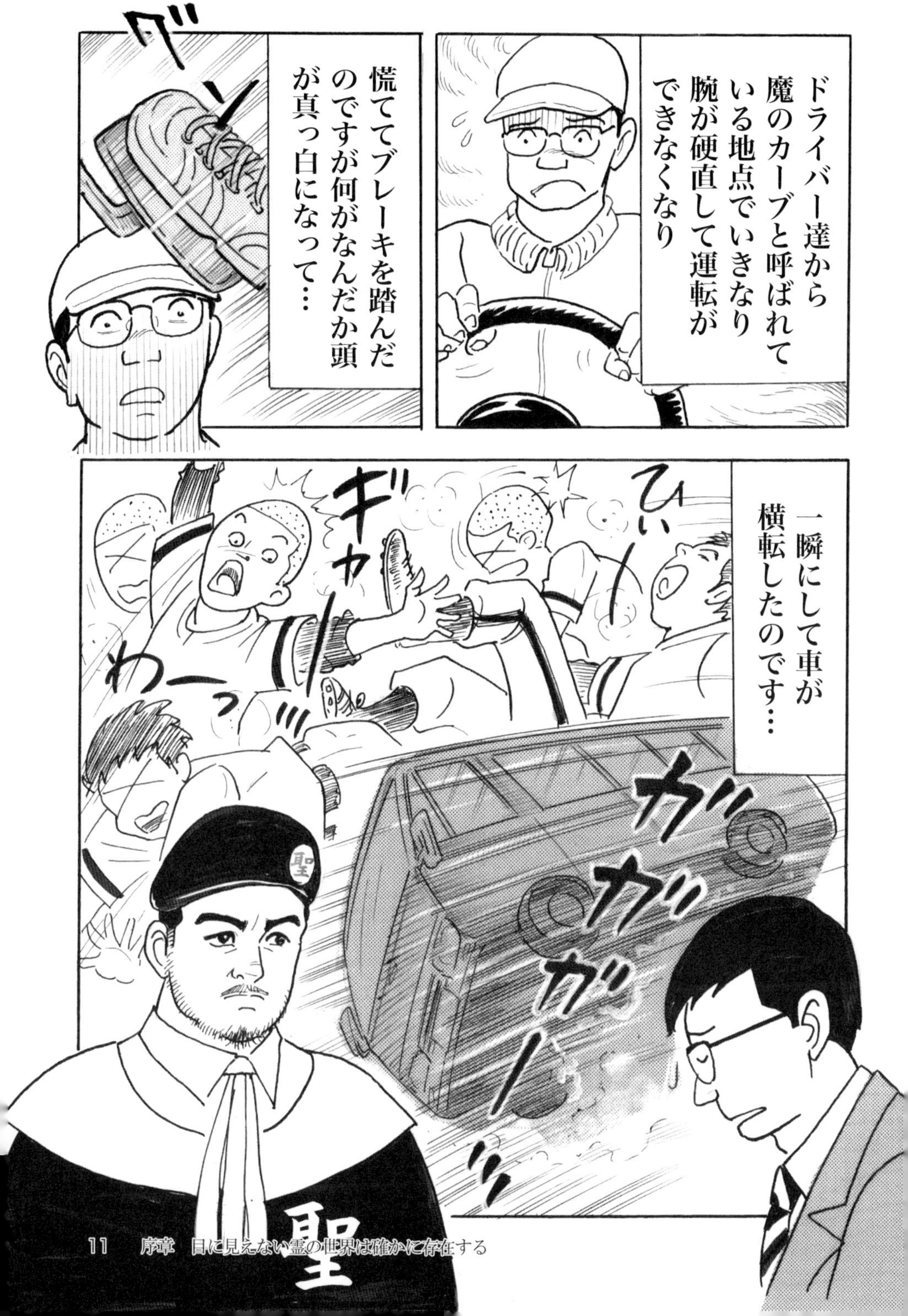
ドライバー達から
魔のカーブと呼ばれて
いる地点でいきなり
腕が硬直して運転が
できなくなり
グッ
慌ててブレーキを踏んだ
のですが何がなんだか頭
が真っ白になって…
一瞬にして
横転したのです…
ひぃー
ギャー
わーっ
ガガガッ
聖
聖

バスには選手と関係者25人が乗っていたのですが全員が重症のムチ打ち症でそのうちの二人はもう一年以上入院したままです
私も週に一度病院通いをしているのですが少しもよくならないのです
あまりに激しい痛みが続くので日神会の会員の上林さんが一度会長先生に相談してみたらということでお訪ねいたしました
……!?
聖
カッ

……
ジーッ
ふう――っ
あの魔のカーブは
噂に聞いていましたが
初めてあの場所を
霊視してみました
ハイ……!
あの場所で昔
十一人の武士が
斬首されています
斬首《ざんしゅ》!?
ゲッ

ザワ
ザワ
ククッ
グワッ
カァ
カァ
カァー
ジャリ

カッ
む、む、無念！
斬
ザン
斬
ザン
斬
ザン

その十一人の武士たちは
濡れ衣だったのです
その武士たちの怨念が
低級霊となっています
えっ!?
その低級霊が運転者や
乗員に憑依して大きな
事故を起こすのです
ぜひ神霊治療で
肩の痛み苦しみを
取り除いて下さい
その武士たちの
怨念の浄霊を
しましょう

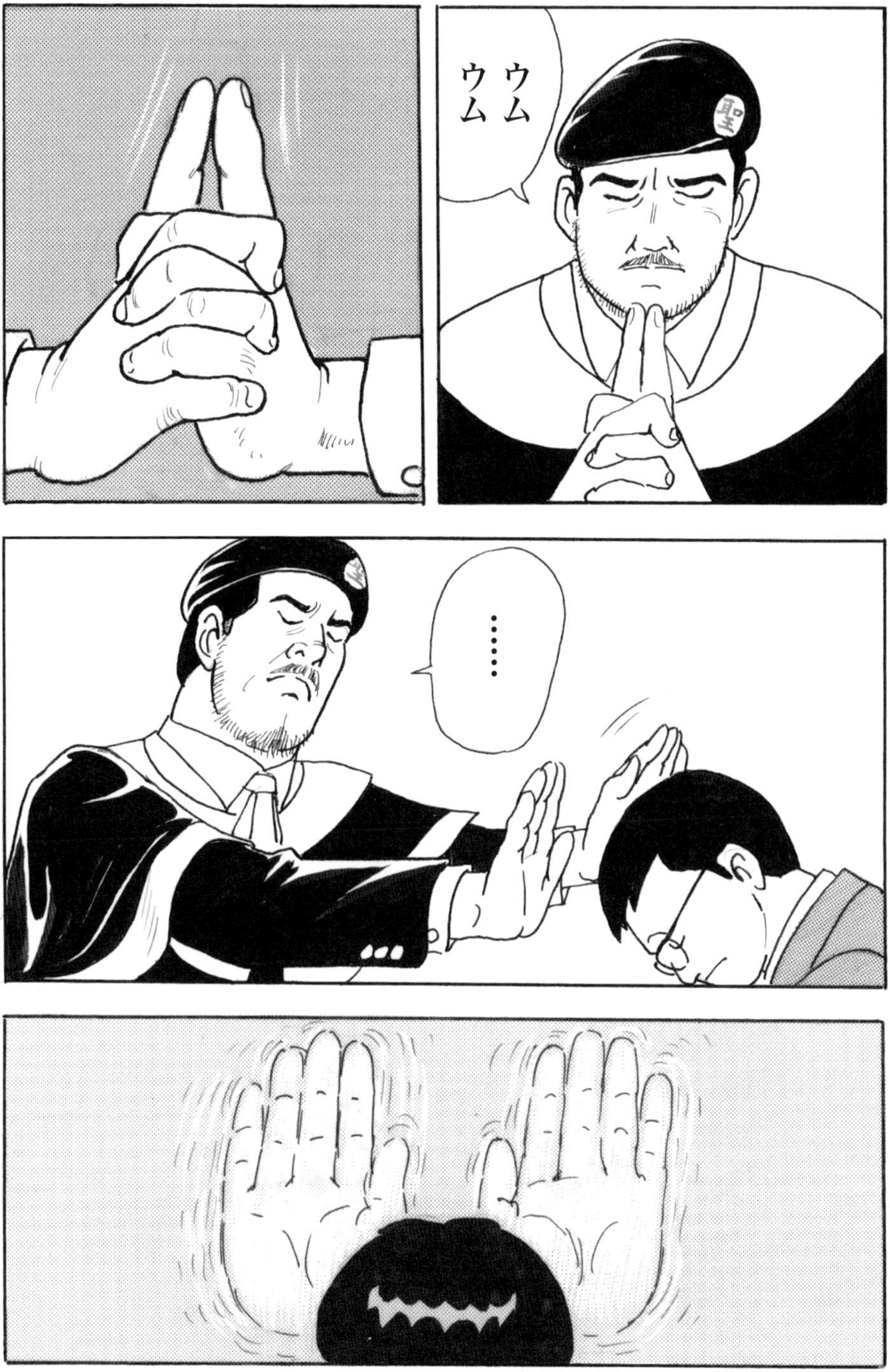
ウムウム
……

おおっ
フウッ
フウッ
聖
ピカッ

しばらくして田村氏が
肩に手を当ててると
アレ!? 肩が
痛くない
不思議です
楽になりました
ありがとうございます
よかった
ですね
霊は激しい怨念を持ったまま
死を迎えると時には低級霊となって
人間に憑依（取り憑くこと）をする
ことがある
その憑依霊を力のある霊能者の
神霊治療によって浄霊し除霊する
ことで辛く悲しい霊の障りが
解除されるのである
聖
そうなんですか
田村氏は辛い一年間の
苦しみの後　やっと
明るい生活に
戻ることができた
バンザ〜イ

霊の不思議には
こんな話もある
これは低級霊に
心も体も占拠された
17歳の女性のケースである
会長先生
聞いて下さい
娘はそれまでは
どこにでもいる
普通の子供だった
ところが七歳を
境にしてまるで人が
変わってしまったのだ

お母さん 私は
お母さんのおっぱい
じゃなく粉ミルクで
育てられたんでしょ
ふきん
だれに聞いたの
お父さんから
聞いたの？
ううん…目を閉じると
私の赤ちゃんの頃が
見えてくるの
？ ？
変な子ねぇ…
ある日 ある時
スーパ
……
隣のおばさん
あした死ぬよ
馬鹿なことを
言ってはいけません
どうして言っては
いけないの？
本当にあのおばさん
死ぬんだよ

痛いよー
私　何も悪いこと
してないよーっ
おばさんが死ぬなんて
言ってはいけません
パ
パン
でもほんとう
なんだよーっ
翌日
!
ゾロ
ゾロ
忌中
御霊燈

本当におばさんが死んだじゃないの
しっ
……
それから六年がたち
少女は成長して中学に入っても異常な予言や予知を行って人々を不気味がらせた
明日数学の先生怪我するよ
テストはお流れよ
ほんと？
うわーっ
やったー
国語

ガラッ
ワッ
何を騒いでる
先生明日怪我するよ
なっ
ウン
ばっ、馬鹿なふざけたことを言うな！
ドン
翌日の朝
ガガーン

○○中学校
静かに！　A先生は交通事故で入院されたので今日のテストは延期します
えーっ
やっぱり…
……
ほんとうだった…
それからというもの少女にはいろいろな相談が持ち込まれるようになった
今夜の巨人、阪神どっちが勝つかな
今度の国語の試験の出題範囲を教えてよー

ねえ… 健くんが私のことどう思っているか占ってよ
うん
猫のブチがもう一ヶ月も帰って来ないのよ　どこへ行ったのかしら…
……
北三百メートルのコンビニの裏の田川さん宅で飼われています
ゴロゴロ
ホッ

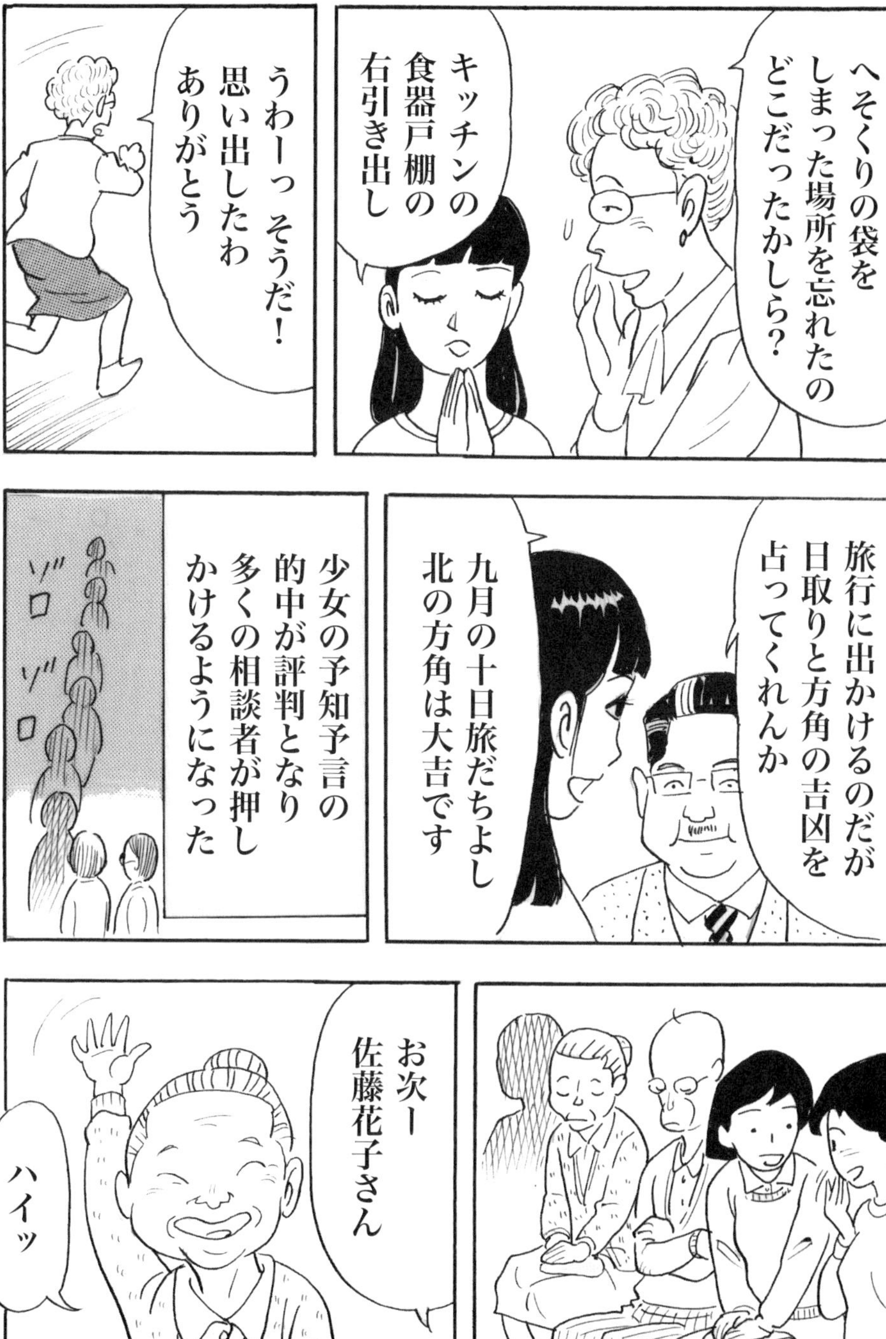
へそくりの袋をしまった場所を忘れたのどこだったかしら?
キッチンの食器戸棚の右引き出し
うわーっ そうだ! 思い出したわ ありがとう
旅行に出かけるのだが日取りと方角の吉凶を占ってくれんか
九月の十日旅だちよし北の方角は大吉です
少女の予知予言の的中が評判となり多くの相談者が押しかけるようになった
ゾロ ゾロ
お次ー 佐藤花子さん
ハイッ

ところが少女に奇行が現れ始めたのである
夜中にしばしば姿を消すようになった
オーイ
幸子ーっ
どこにいるのーっ
娘はどこへ行くのか二、三日帰らないことがあった
警察に捜索願いを出しましょうか？
この間も捜索願いを出したら翌日ひょっこり帰ってきた明日まで待ってみよう

ただいまー
!
トントン
グー
グー
無事でよかったわ…
ググー

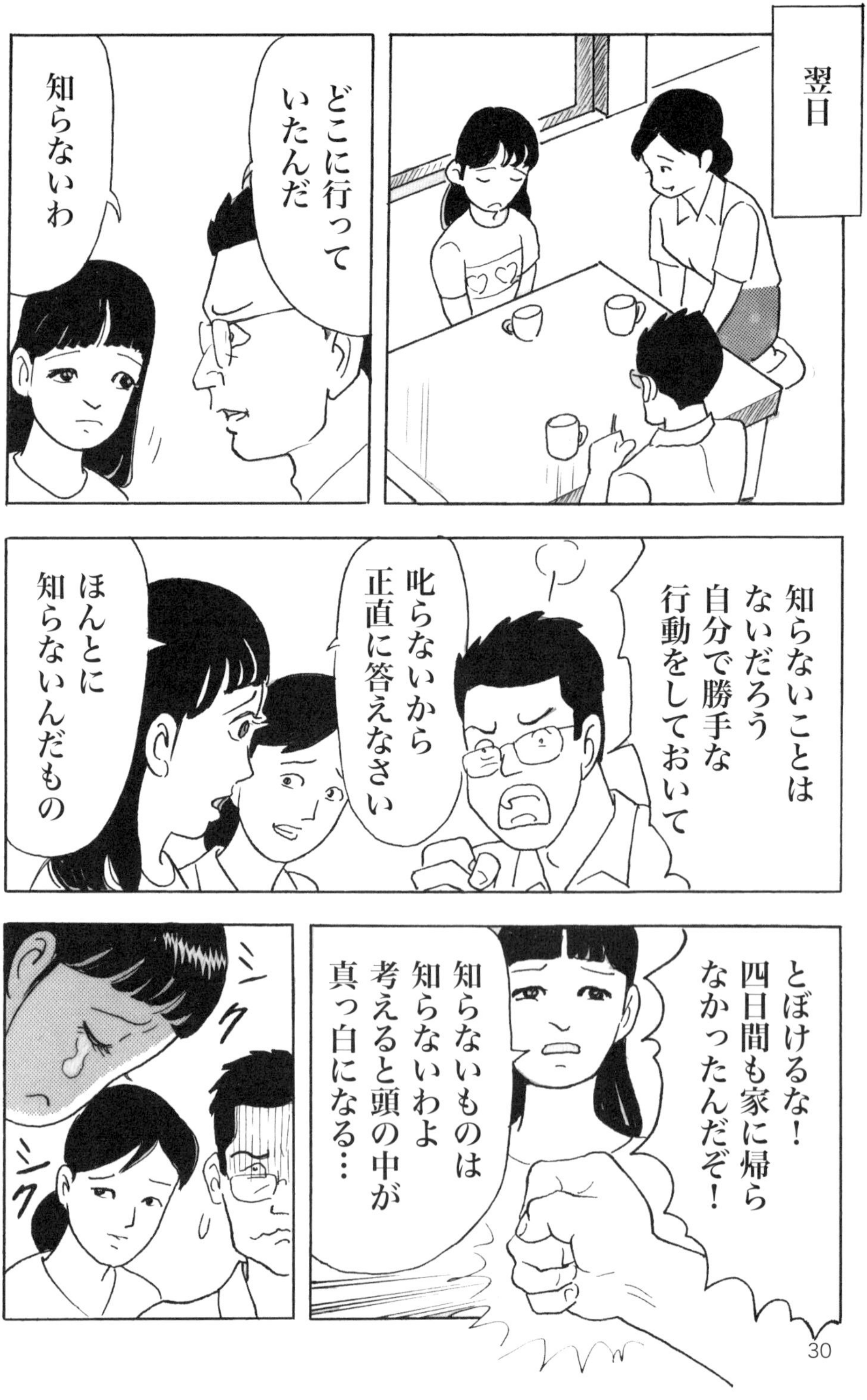

翌日
どこに行っていたんだ
知らないわ
知らないことはないだろう自分で勝手な行動をしておいて
叱らないから正直に答えなさい
ほんとに知らないんだもの
とぼけるな！四日間も家に帰らなかったんだぞ！
知らないものは知らないわよ考えると頭の中が真っ白になる…
シク
シク

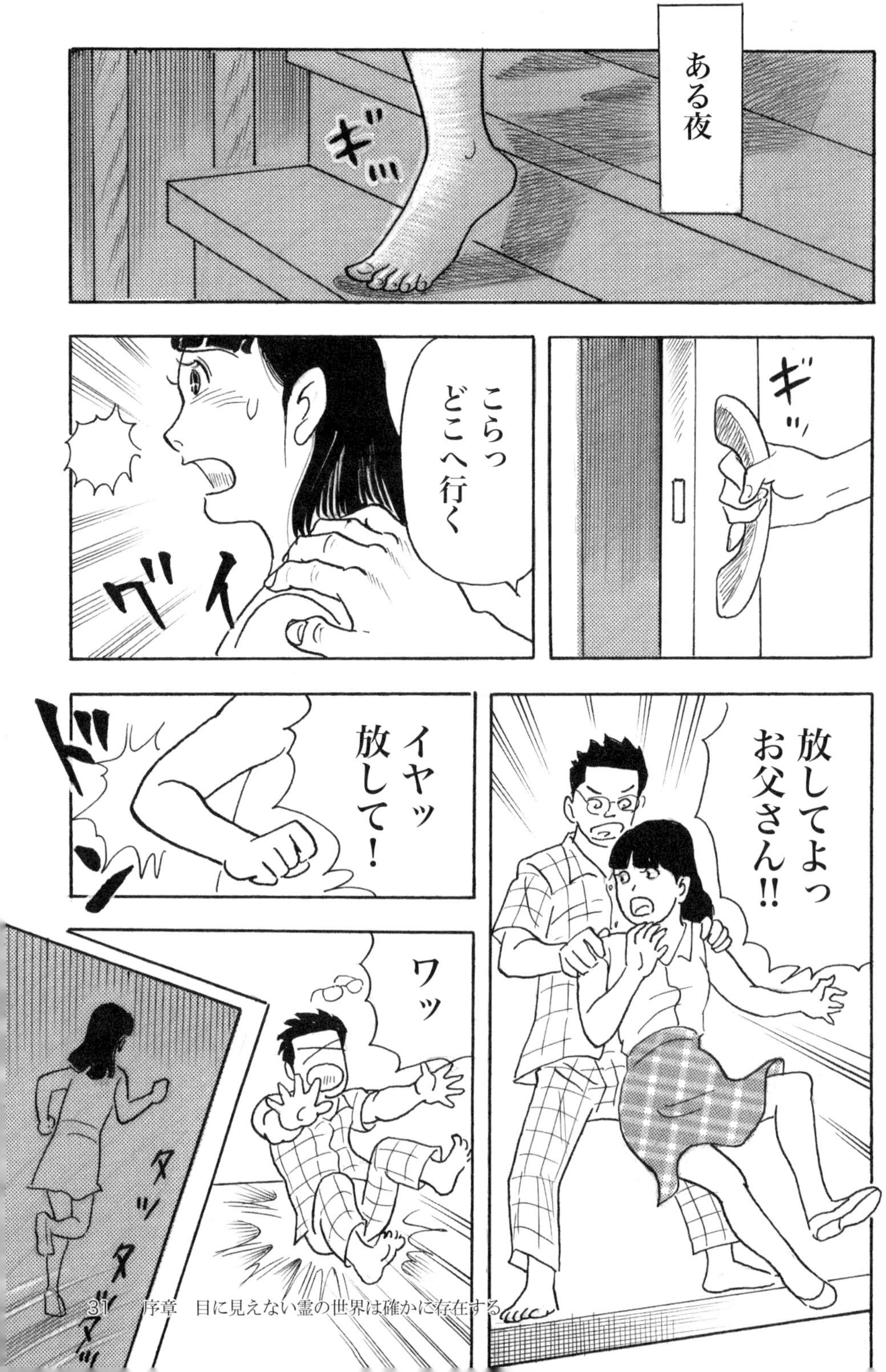

ある夜
ギッ
ギッ
こらっ
どこへ行く
グイ
放してよっ
お父さん!!
イヤッ
放して!
ドン
ワッ
タッタッタッ

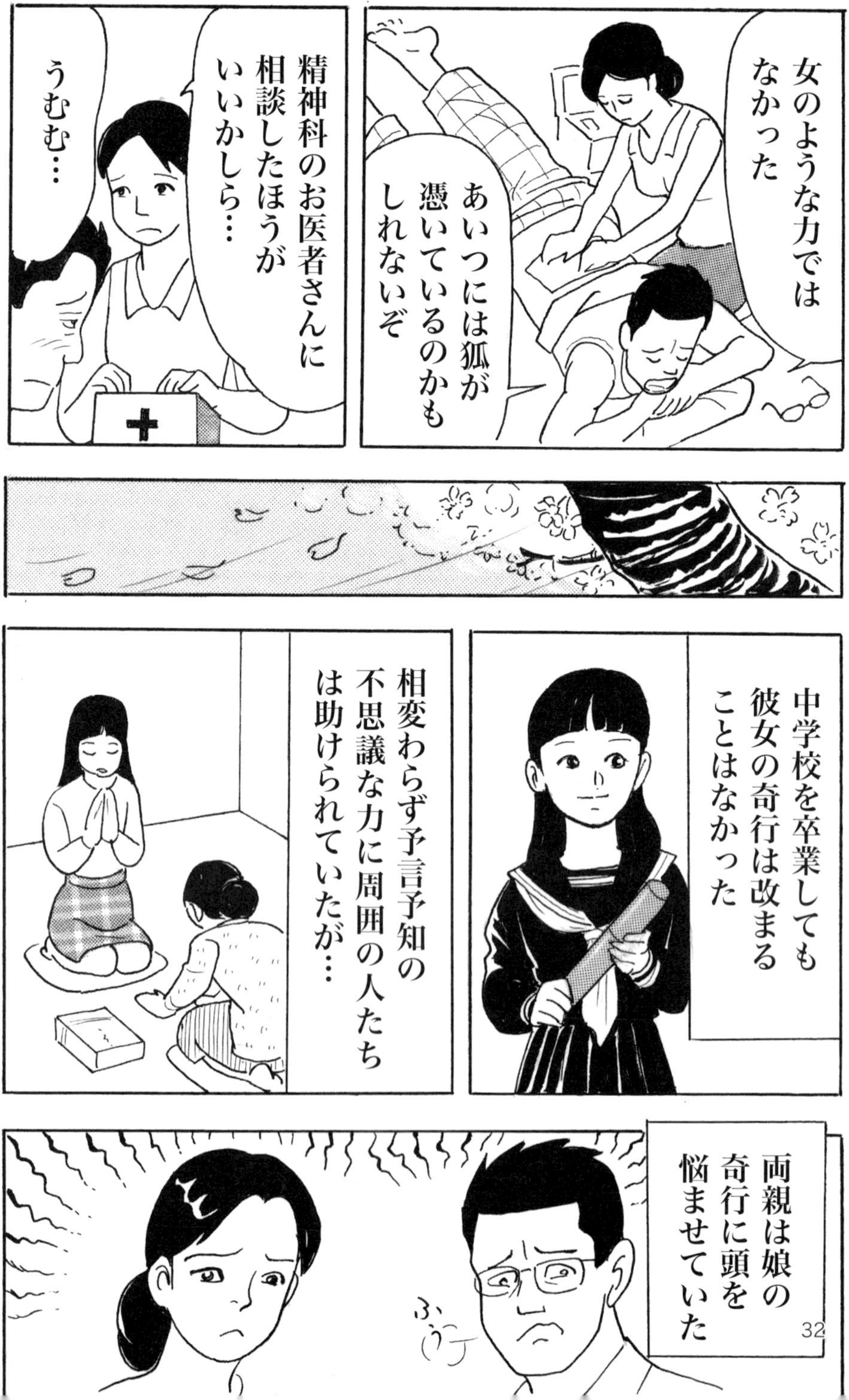
女のような力ではなかった
あいつには狐が憑いているのかもしれないぞ
精神科のお医者さんに相談したほうがいいかしら…
うむむ…
中学校を卒業しても彼女の奇行は改まることはなかった
相変わらず予言予知の不思議な力に周囲の人たちは助けられていたが…
両親は娘の奇行に頭を悩ませていた
ふぅ

そんな折――
日本神霊学研究会
日本神霊学研究会

父親の友人が日本神霊学研究会の会員であり 会長のもとに相談に行くようにとのアドバイスを受け 親子で長崎聖地を訪れたのだった

……
ジジィ
お嬢さんは通常の人間が持たないような不思議な力を持っていますね
会長先生にはおわかりになるのですね！
私の霊視によればお嬢さんには低級霊でありながら強い力を持った霊が憑いています
えっ

この霊の怨念に
よってお嬢さんは
夜になると奇怪な
行動をとるのです
聖
まぁ
恐ろしい…
ゾオ〜
会長先生のお力で
なんとか娘を助けて
いただくことは
できませんか
聖
聖
わかりました
しかしお嬢さんから
低級霊を除去すると
お嬢さんの持っている
予知予言など人に重宝され
ていた不思議な能力は
無くなってしまいますが
よろしいですか？

けっこうです
そんな能力は
いりません！
普通の娘に
戻って欲しいのです
もう一つの問題は
お嬢さんが十七歳から
七歳の昔に戻って
しまいますよ
何しろ十年間も
低級霊に魂を占拠されて
いたのですから…
ぎょっ
七歳に
戻る!?
まあ…
心配はいりません
いっときのことです
少しずつ元に戻り
やがて普通の生活に
戻られるでしょう
ホッ
除霊を
お願い
します

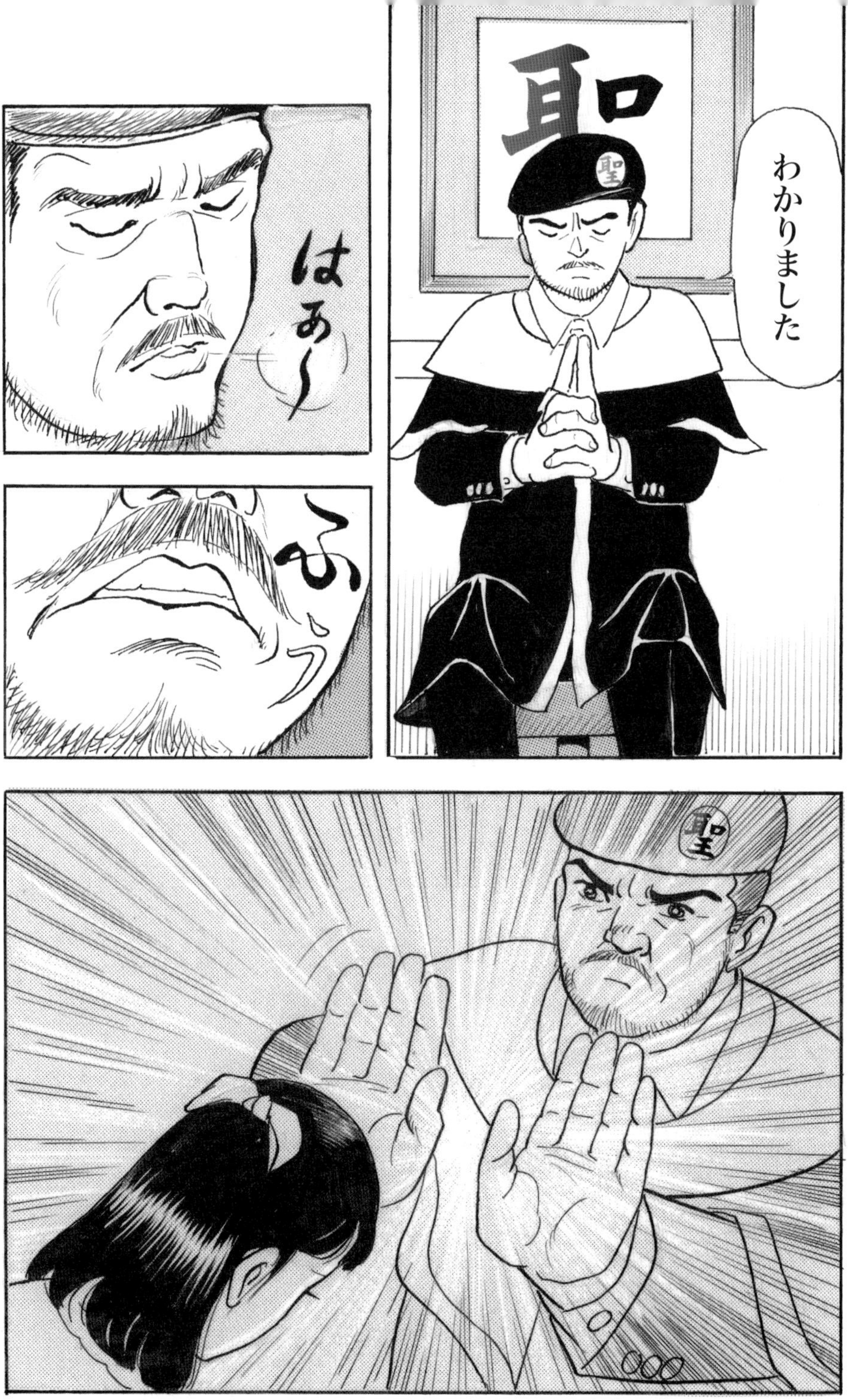
わかりました
はあ〜
ふ

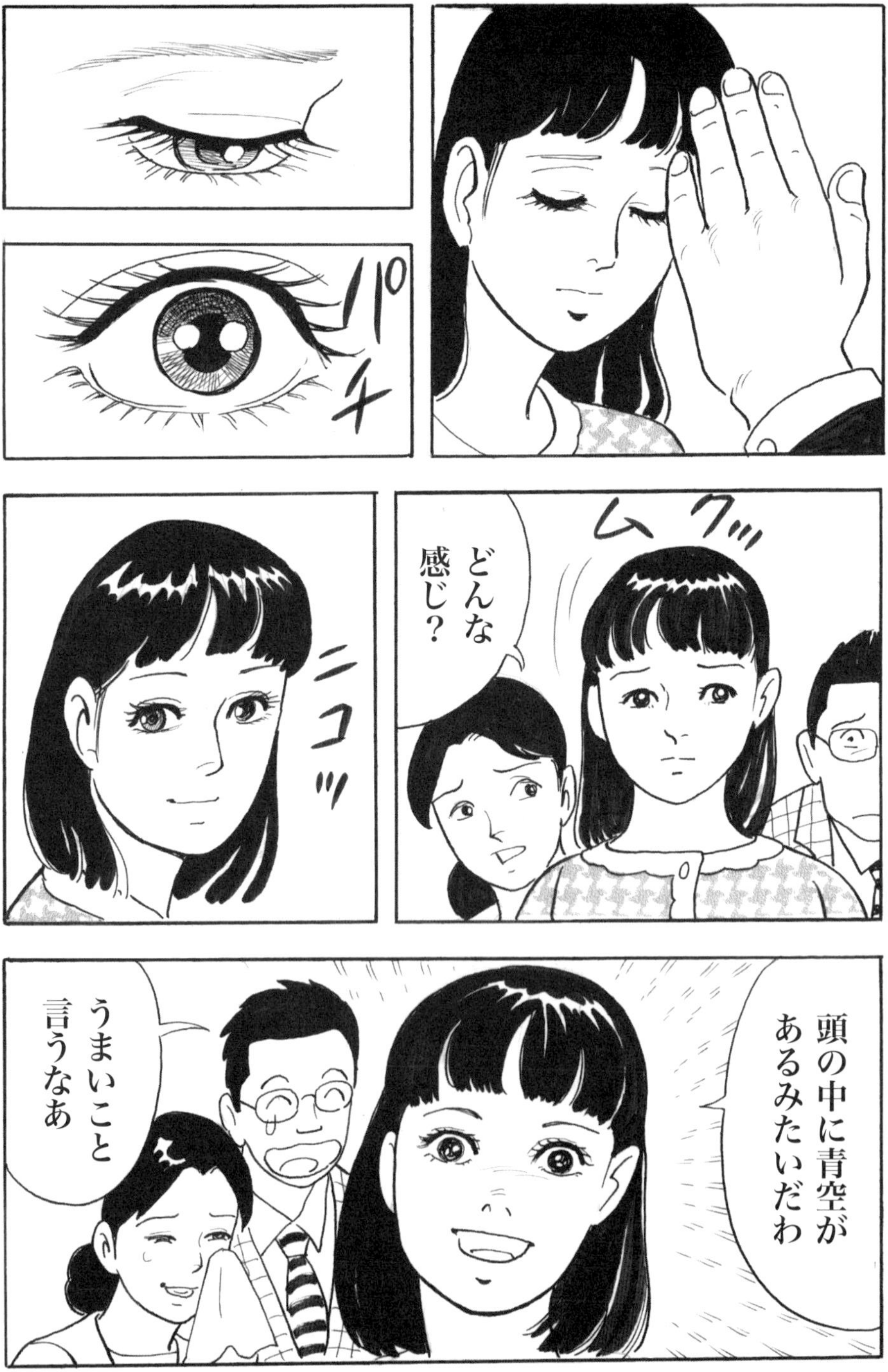
パチ
ムクッ
どんな感じ？
ニコッ
頭の中に青空があるみたいだわ
うまいこと言うなあ

その日から娘は
あどけない顔をして
おやつをねだったり
ねえ
買って
ねっ
もう
しょうがない
わねえ
お人形をだっこしたり
幼児的な振る舞いをして
両親に気味悪い思いを
させていた
……
スーパーのアルバイト
でも計算ミスが続き
辞めさせられた
クビ
……

両親を心配させていたが
隈本会長の言葉どおり
二、三ヶ月も経つと徐々に
普通の生活に戻っていき
ウンウン
翌年の春　三年遅れて
高校の定時制に通い
無事に卒業したと
伝えられている

超能力と神霊能力と心霊能力
確かにこの世には不思議な力が存在する
ここに一つの箱がある
この箱の中には心という文字を書いた紙が入っている
心
聖
今日ここに集っていただいた諸君は超能力者であり霊能者として選ばれた者達である
超能力者
神霊能力者
心霊能力者



※超能力者……浄霊の能力を持たない
心霊能力者…心霊(あの世で救われている霊)の力で浄霊を行う事が出来る
神霊能力者…神の力で浄霊を行う事が出来る

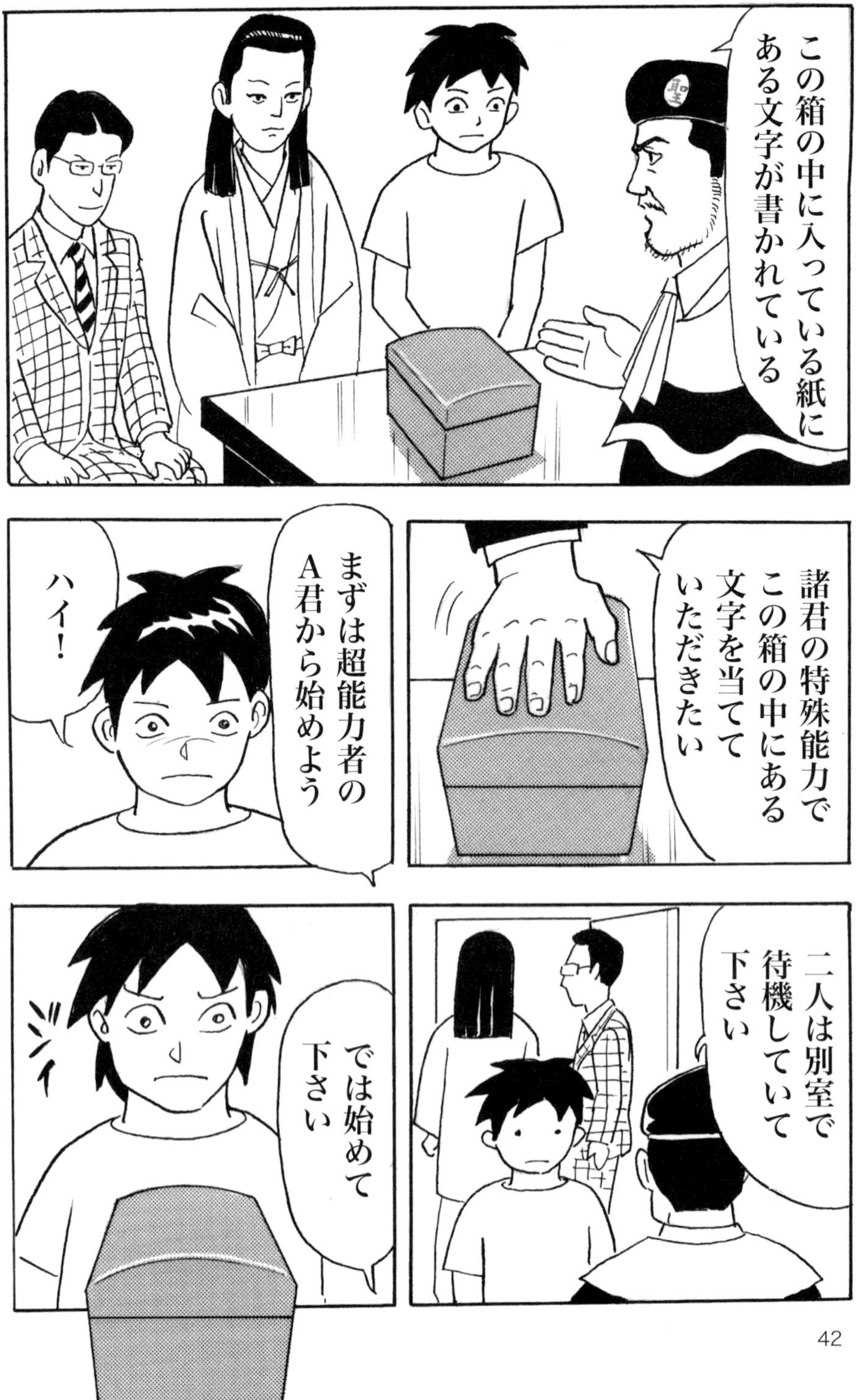
この箱の中に入っている紙にある文字が書かれている
諸君の特殊能力でこの箱の中にある文字を当てていただきたい
まずは超能力者のA君から始めよう
ハイ！
二人は別室で待機していて下さい
では始めて下さい
ジイ

心
見えました
心という
文字です
ウム
続いて若者B
神霊能力者

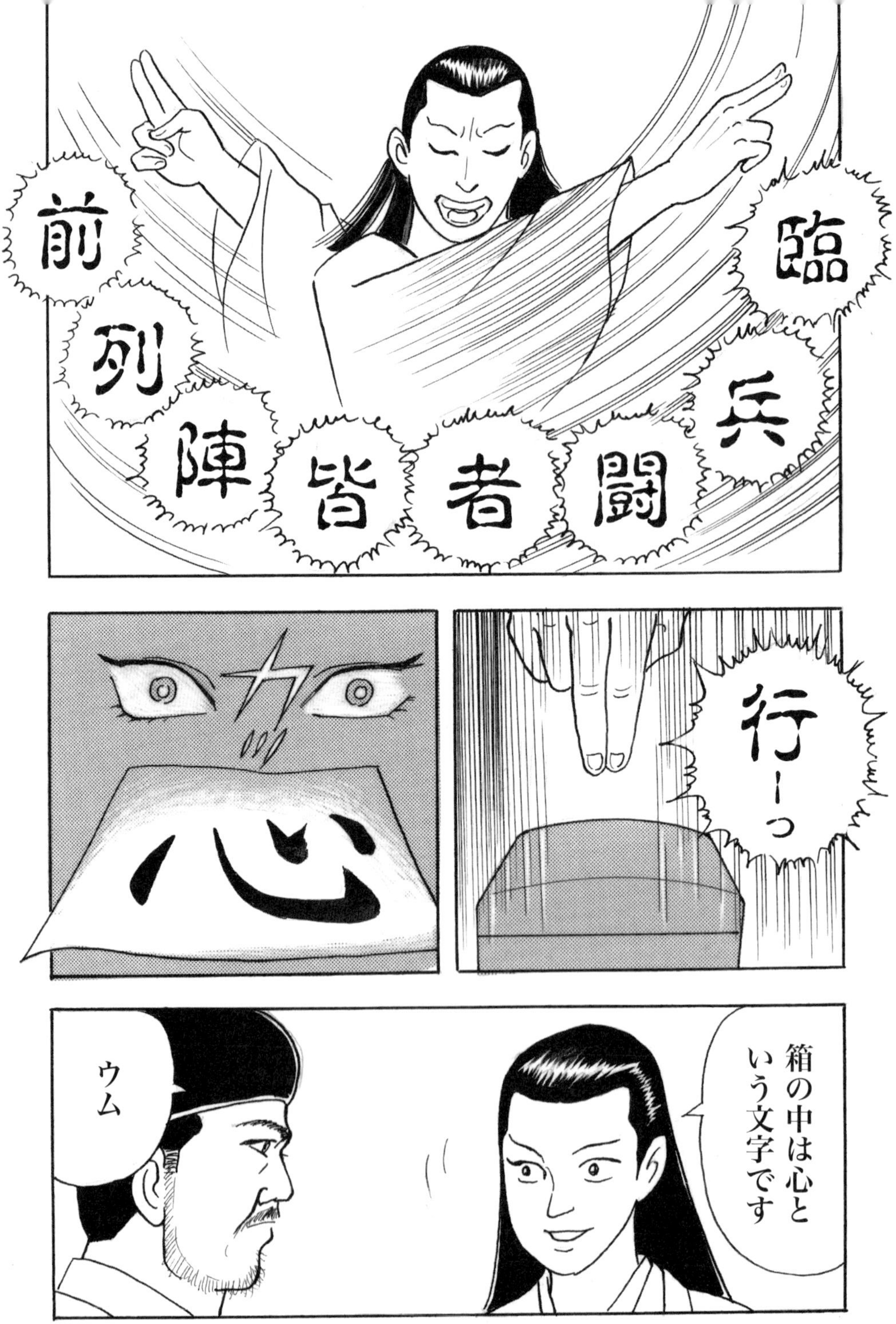
臨
兵
闘
者
皆
陣
列
前
行ーっ
カッ
心
箱の中は心という文字です
ウム

最後に若者C
心霊能力者
守護霊さま
何とぞ箱の中の
文字を教えて下さい
アイヨ
ヒョコ
フム
心という
文字じゃぞ
心という
文字ですね
ヤァ
ゴックリ

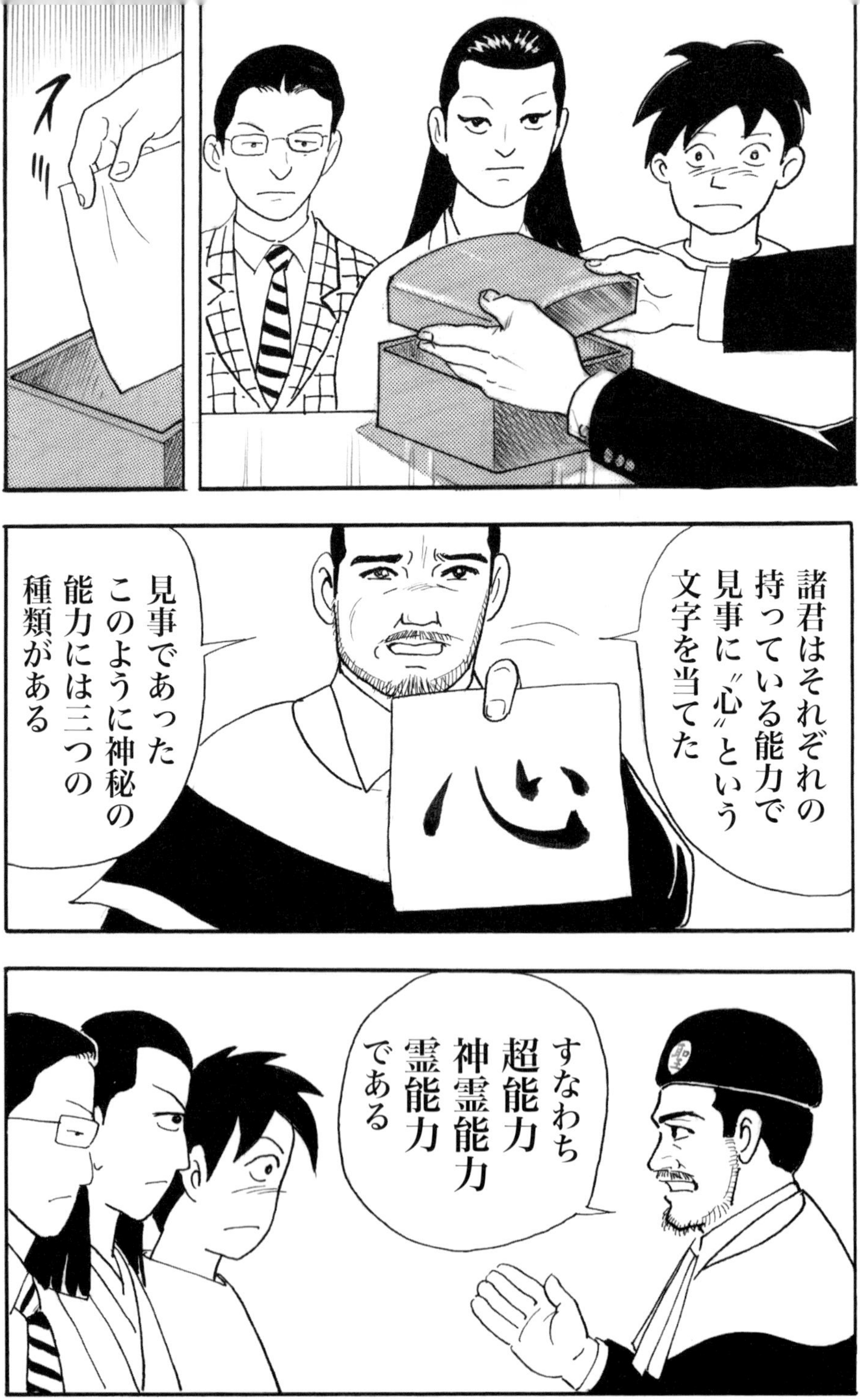
スイ…
諸君はそれぞれの持っている能力で見事に〝心〟という文字を当てた
見事であったこのように神秘の能力には三つの種類がある
心
すなわち超能力神霊能力霊能力である
聖

ハイッ
何です？
会長先生の持っておられる能力は何でしょうか？
私は今長崎聖地にいるが東京聖地のことを知ろうとすればある程度のことができる
この場合は超能力・神霊能力・霊能力の三つの能力を使うことになる
何を知りたいかそのためにどの能力を使うのかということです行いたいこと知りたいことで能力の使い方が決まってくるのです
会長先生は三つの能力を持っているということですか？
私の場合　それぞれの能力がその場に応じて駆使できるように備わっている

会長先生は超能力者であり
神霊能力者であり
霊能力者という三つの
能力を保持している
ということですね
スゴイ！
聖
どのように能力が
発揮されるかという
ことは神霊治療に
集約されます
次の章で
神霊治療のことを
詳しくお話ししましょう

## 一章

# 神霊治療の原理と実際

病気や災難の原因の
相当な部分は低級霊の
憑依によるものである
ひ〜ひひ
ある日
行ってきまーす
行ってらっしゃーい
○○駅

私たちの周囲には
人間の数よりはるかに
多い低級霊がうごめいて
いるのである
霊には霊の発する
電波がある
トンツー
トンツー
人にも魂より
発する波長がある
ひ〜ひひっ

○○物産(株)
寒気がする～
早く帰って休んだ方がいいぞ
ガクガク
お医者さんに診てもらった方がいいんじゃない？
インフルエンザかも知れないな
○×内科

インフルエンザではなく風邪のようですね風邪薬と解熱剤を出しておきます
ただいま…
どうしたのこんなに早く
風邪をひいたらしい会社を早退してきた少し熱があるからすぐ寝る…
今朝まで何でもなかったのに…おかしいわね
子供にうつすといけない気をつけてくれ
ゴホ

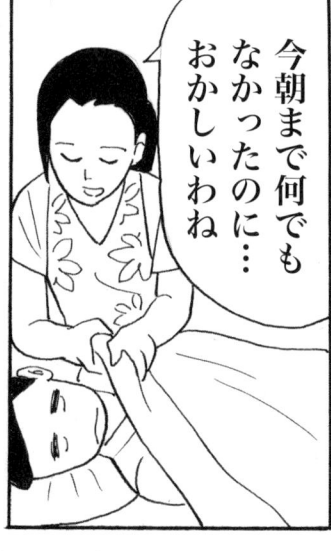

何日も何日も
彼の病状は一向に改まらなかった
それから十日
熱は下がったものの胸苦しさと脱力感は抜けなかった
×○大学病院
ハイッ

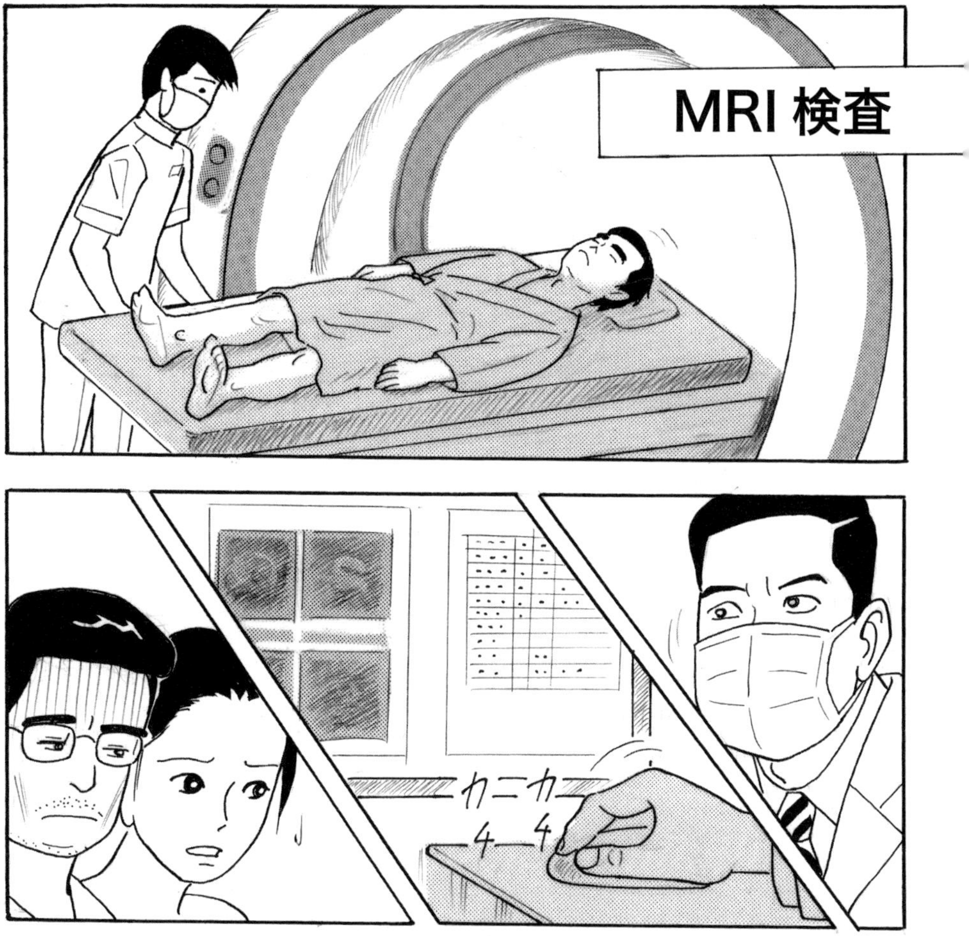
MRI 検査
検査結果は特別異状はありませんね
ほっ……?

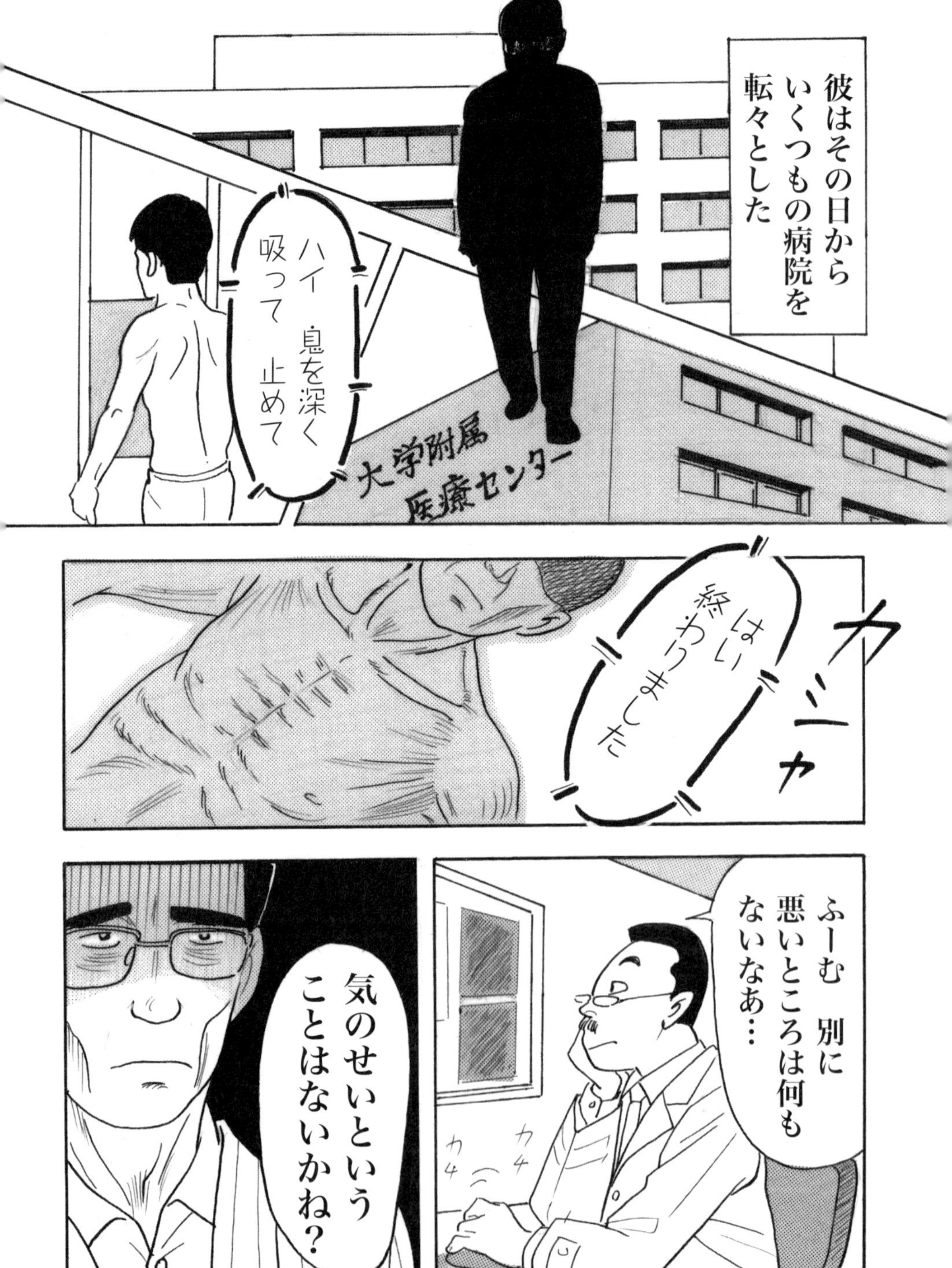
彼はその日から
いくつもの病院を
転々とした
大学附属
医療センター
ハイ 息を深く
吸って 止めて
カシャ
はい
終わりました
ふーむ 別に
悪いところは何も
ないなあ…
カタ
カタ
気のせいという
ことはないかね?

どうだって？
また異状なしだ
そんなことってある？
どうにもならないよ
もう一ヶ月も会社を休んでいる…
その翌日
課長
おお 元気になったか
ええ…

実は…
辞表
!?
応接室
実は体が本調子じゃないんです会社にご迷惑をかけてはいけないと思いまして…
病院には通っているんだろう?
はい…いくつも病院を転々としたのですがどの病院も悪いところが見つからないと言うんです
これ以上会社に迷惑をかけるわけにはいきません
うむ…

医者は何でもないと言うんですがどうしても体調がすぐれないのです
うむ…どうだね私が入会している日神会に行って相談してみたら?
えっ日神会《にっしんかい》?
はい すぐに行ってみます
辞表
辞表はそれまで私が預かっておこう
日本神霊学研究会
東京聖地
ここだ

お帰りなさいませ
!?っ
○×物産のD課長の紹介で参りました…
こちらへどうぞ
応接室
病気が一向によくならないそうですね
いくつもの病院を転々として診断を受けたのですが どの病院も異状なしです

それなのに　あなたは
体の調子がよくないと
いうのですね
そうです…
わかりました
霊視してみましょう
……
カッ

あなたの体は憑依霊に占拠されています
えっ!?
神霊治療をいたしましょう
神霊…治療…ですか?
浄霊をして憑依霊を除霊するのです
ハイ
神霊治療とは治療依頼者に憑依している低級霊を浄霊して除霊し依頼人本人の魂や守護霊に力を与えることである
うっ!
はぁ〜っ

聖
聖

うっ
ふーっ
いやーっ
ぐあ～～
ハーッ
ホーッ
ぎゃあああ～

!
スッキリ
会長先生！
体に力がみなぎっている感じです
あなたの神霊治療は成功しました
翌日
行ってきまーす
おはようございまーす
男性の神霊治療は成功した
男性は以後幸せな人生を歩んでいるという
ビリビリ

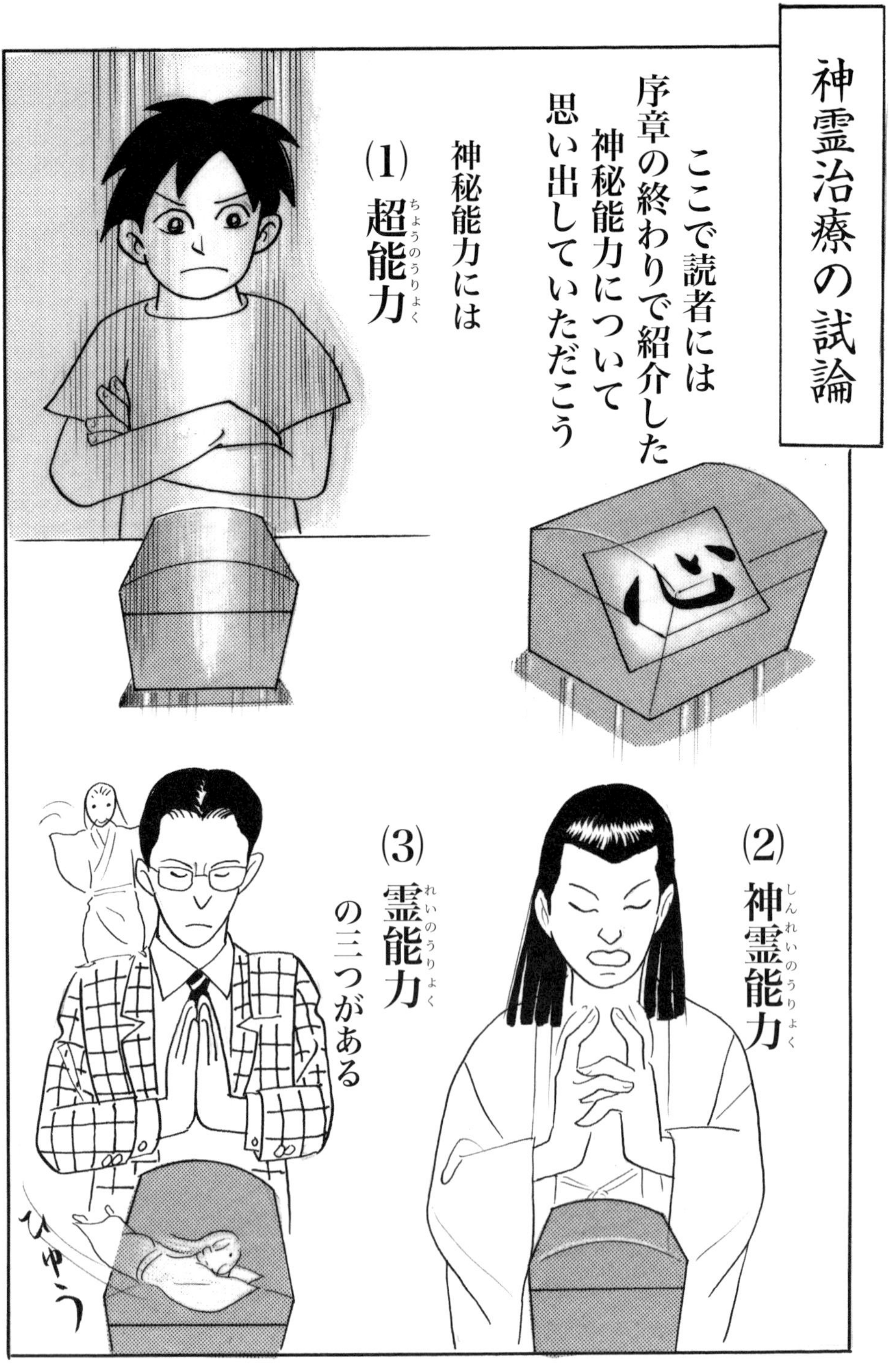
神霊治療の試論
ここで読者には序章の終わりで紹介した神秘能力について思い出していただこう
神秘能力には
(1) 超能力《ちょうのうりょく》
心
(2) 神霊能力《しんれいのうりょく》
(3) 霊能力《れいのうりょく》
の三つがある
ひゅう

神霊治療にはこの神秘能力のうち
⑵の神霊能力と⑶の霊能力の二つを
併用して使うのが日本神霊学研究会の
教祖（初代会長）隈本確と後継者の
第二代会長 隈本正二郎の秘法である
長崎聖地
初代教祖
隈本 確
東京聖地
聖
第二代会長
隈本正二郎

神霊治療は
神霊能力者の特殊な能力によって
神霊エネルギー　宇宙エネルギー
心霊サポート　守護神の助力を
駆使して憑依霊を除去し
霊障を解除し健康体を
取り戻すことである

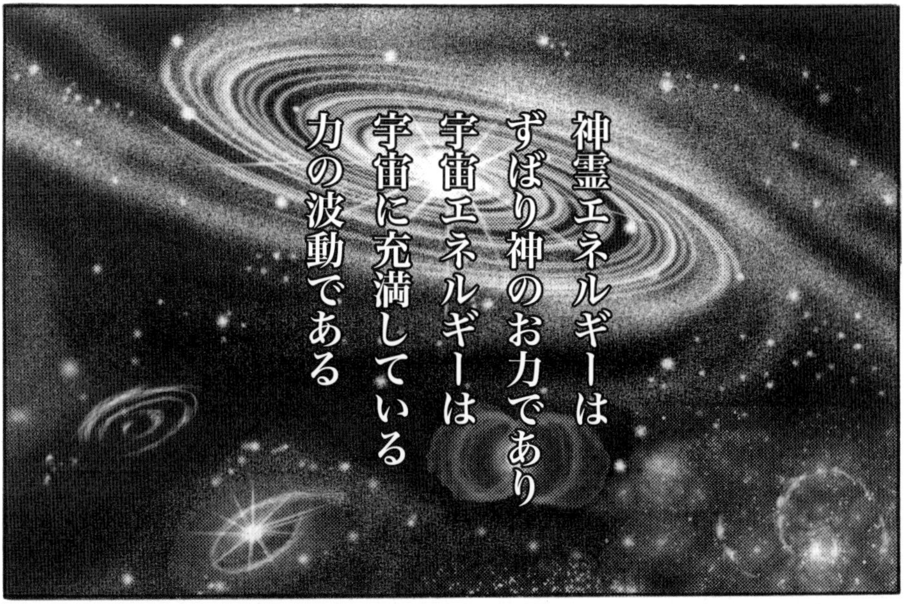
神霊エネルギーは
ずばり神のお力であり
宇宙エネルギーは
宇宙に充満している
力の波動である

心霊サポートは
守護霊（多くは先祖
霊）の守護力そして
守護神は一人一人が
持っている守り神の
エネルギーのことで
ある
先祖
神
守護神

心霊治療の基本形は
憑依例の除去である
しかし憑依霊に
無縁の病気にも
神霊治療の効果が
あるのは神霊治療には
神霊エネルギーや
宇宙エネルギー
守護神のパワーが
関わっている
からである

日本神霊学研究会会員
私はね　病気はほとんど神霊治療と自己浄霊だけで治しているんですよ
憑依霊に関係がない病気もですか？
そうなんですどんな病気も神霊治療で治るんです
待ったー！
聖
確かに神霊治療はすべての病気が対象ですしかし霊的病気以外の場合は現代医学の恩恵を受ける事も現代人の知恵といえます

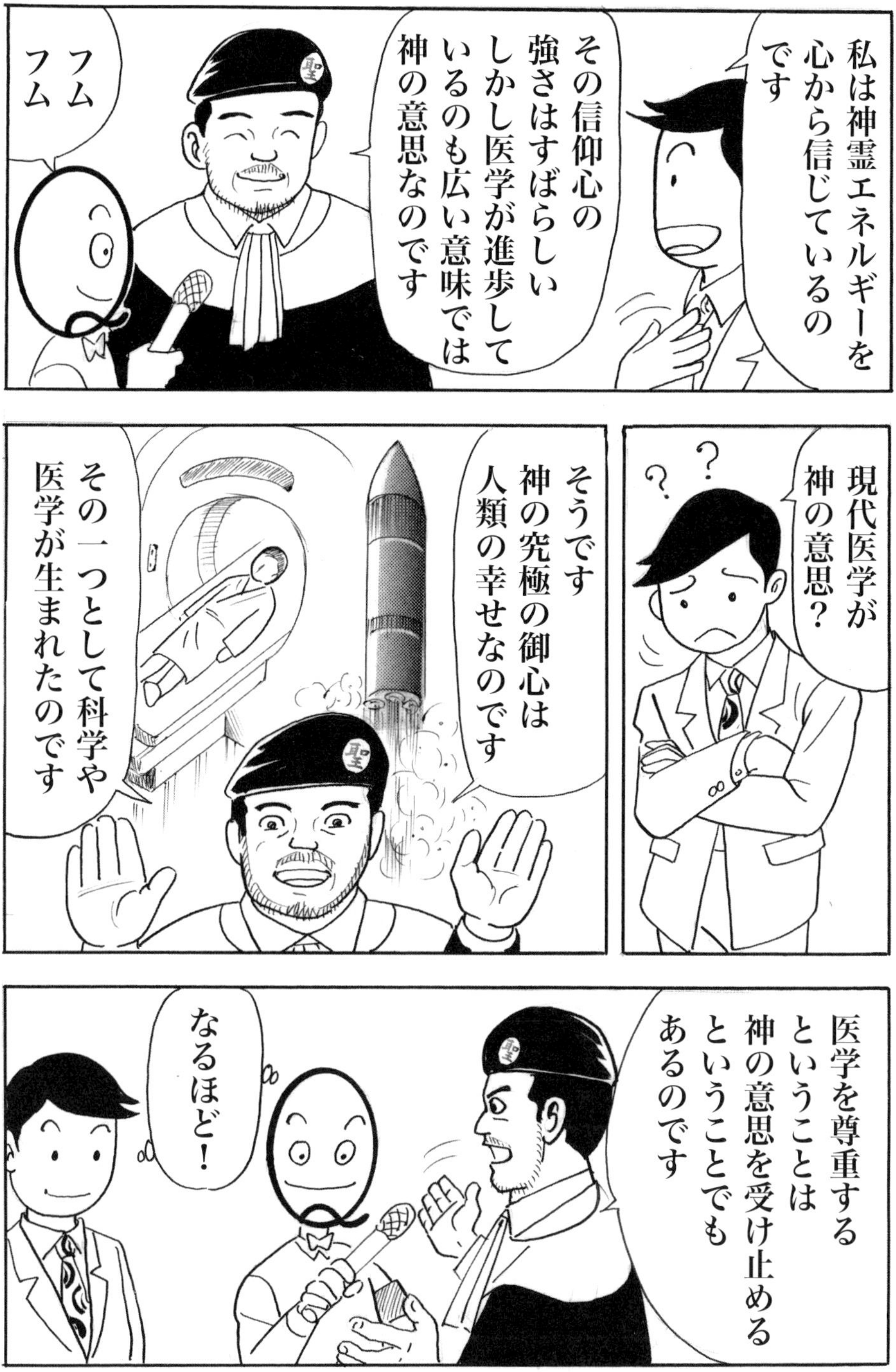

私は神霊エネルギーを心から信じているのです
その信仰心の強さはすばらしいしかし医学が進歩しているのも広い意味では神の意思なのです
フムフム
現代医学が神の意思？
？？
そうです神の究極の御心は人類の幸せなのです
その一つとして科学や医学が生まれたのです
聖
医学を尊重するということは神の意思を受け止めるということでもあるのです
なるほど！

現代医学でも治らない病気
例えば霊障が原因の病気には
霊能力者をこの世に生み出した
のも神なのです
それなら医学の力と
神様のお力すなわち
医者と霊能力者の
二つの力を借りれば
完全ですよね
そうです　現代医療と
神霊治療の併用こそが
完全に病に勝つ方法
なのです
聖
神霊治療で治せない病気は
ないけど現代医学で治した
方がより確実な病気もある
ということですね
その通り
フム
フム

# 神霊治療（浄霊）の対象となる既知・告知の病気とその箇所

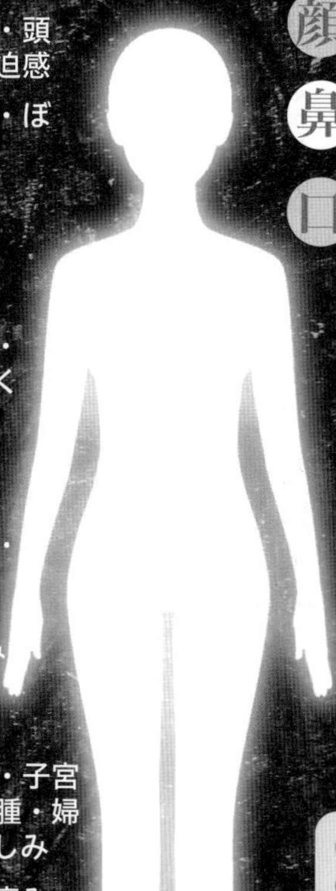

**頭** ふらふら・目まい・頭全箇所の痛み・圧迫感

**目** 涙・痛み・かゆみ・ぼやける・まぶしい

**耳** 痛み・かゆみ

**胸** 呼吸困難・圧迫感・胸苦しさ・ぜんそく

**心臓** 圧迫感・痛み・苦しみ

**胃** 長年の痛み・苦しみ・潰瘍・初期のガン

**腸** 長年の痛み・苦しみ

**婦人科** 初期の子宮がん・子宮筋腫・卵巣のう腫・婦人科の痛み・苦しみ

**膀胱** 膀胱炎・残尿感・痛み・苦しみ・前立腺の異常

**腰** 長年の腰痛

**足** 全箇所の痛み・関節、筋肉の痛み

**顔** 全箇所の痛み

**鼻** 花粉症・鼻水・痛み・蓄膿・鼻炎

**口** 歯ぐきの痛み・口内炎

**のど** 痛み・ひっかかり

**首** 痛み・肩こりと痛み・むち打ち各所の痛み

**背中** 全箇所の痛み

**内臓** 諸器官の痛み・苦しみ

**手** 全箇所の痛み・関節の痛み

- アトピー性皮膚炎
- ポリープ
- 痛風・ヘルペス
- 神経痛・関節炎
- 恐怖感・不安感
- 全身のだるさ・疲れ・しめつけ・重い
- 初期のガン
- 初期のリューマチ
- 初期のこう原病
- 初期のメニエール病
- 初期のパーキンソン病

※上記の病名、箇所はほとんど神霊治療（浄霊）の対象となります。医学でも同じことが言われますが、病気発生より早いほど良い結果が出ます。

霊的病気の代表的原因はなんですか？
いひひ
低級霊の憑依です
憑依とは取り憑くということですね
その通りです
なぜ霊は取り憑くのですか？
非常に単純化していえば霊は人間に救いを求めているのです
霊が助けを求めるのですか？なぜですか？
HELP
未浄化の霊は浄化してもらって美しい魂となってあの世に旅立ちたいからです
あの世に旅立つということは霊界で修行するということです

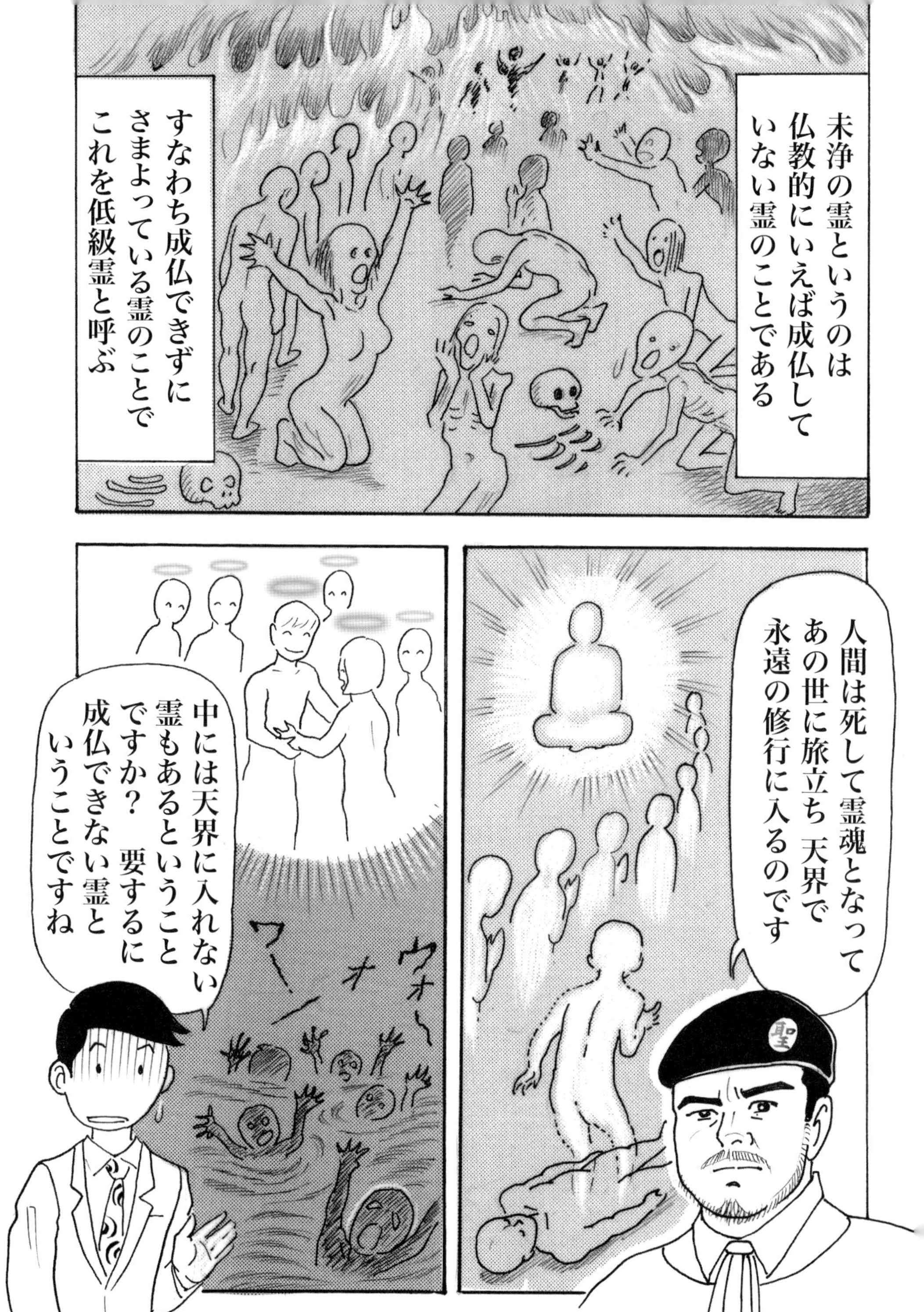
未浄の霊というのは
仏教的にいえば成仏して
いない霊のことである
すなわち成仏できずに
さまよっている霊のことで
これを低級霊と呼ぶ
人間は死して霊魂となって
あの世に旅立ち 天界で
永遠の修行に入るのです
中には天界に入れない
霊もあるということ
ですか？ 要するに
成仏できない霊と
いうことですね
ワ〜
オ
ウォ〜
聖

## 低級霊になる霊の分類

### (1) 異常死《いじょうし》

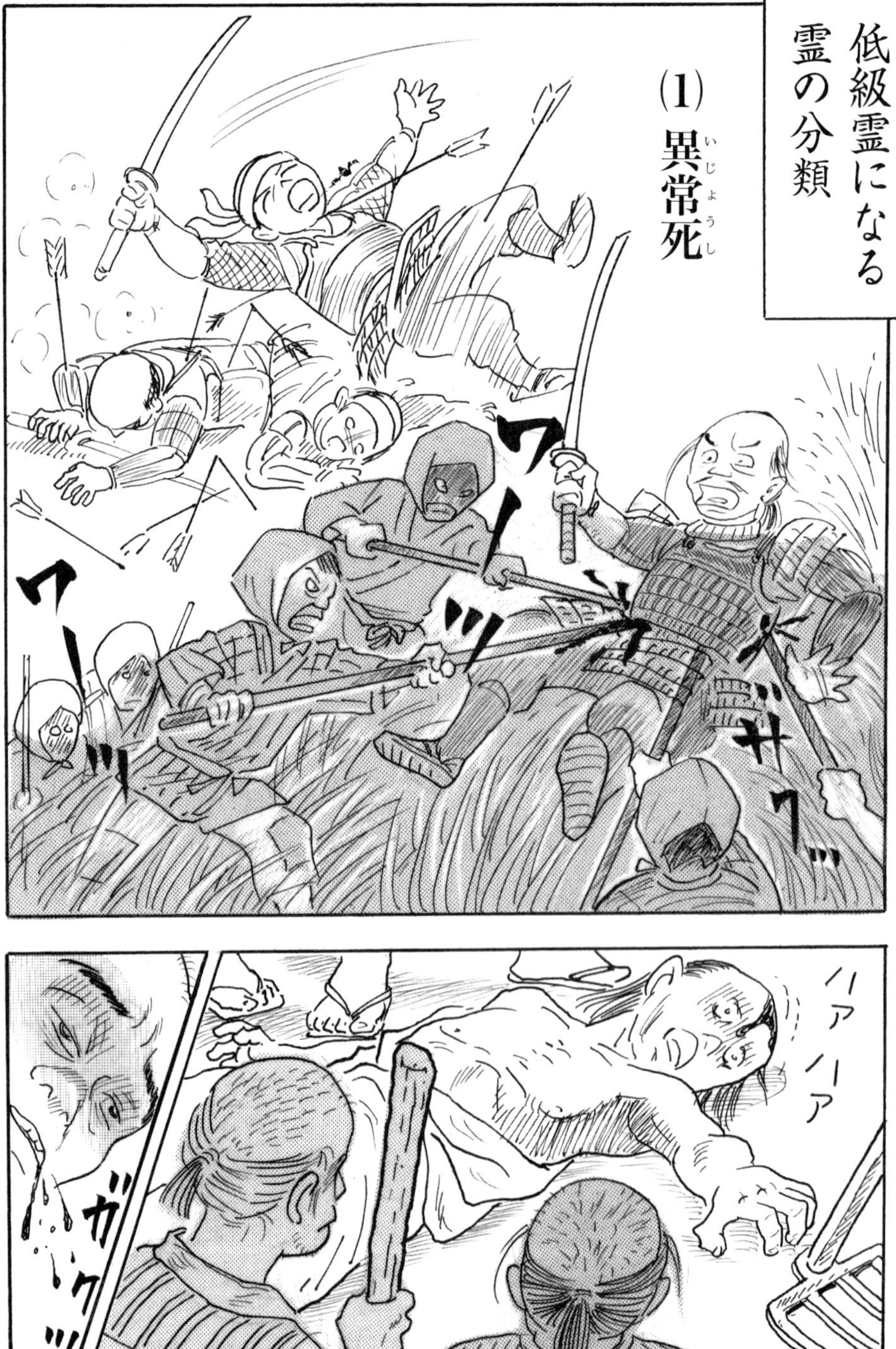

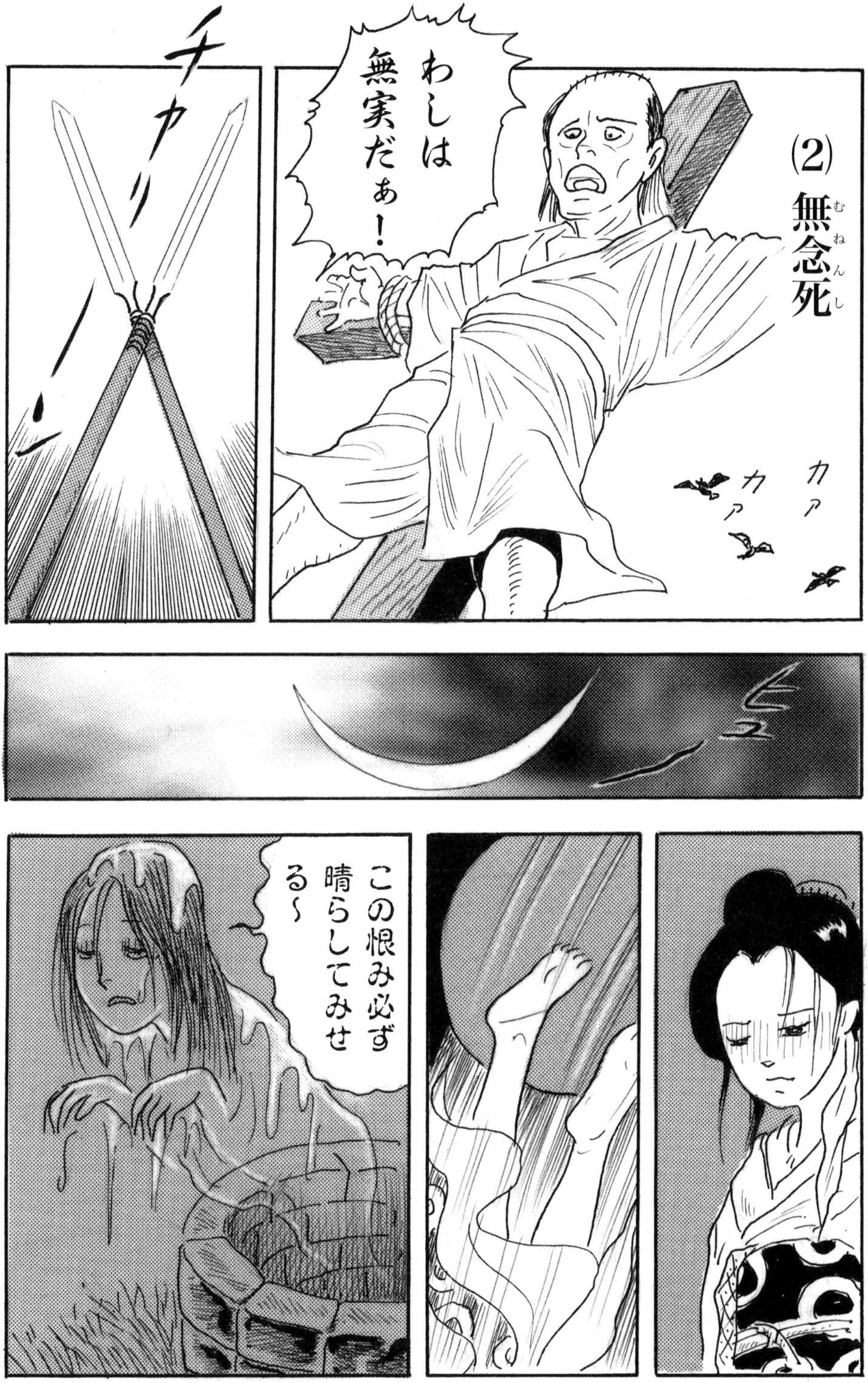
(2) 無念死《むねんし》
わしは無実だぁ！
カァ
カァ
チカリーン
ヒュー
この恨み必ず晴らしてみせる〜

(3)
突然死《とつぜんし》
ピィーポ
ピィーポ
(4)
未練死《みれんし》
バブ
バブ
ジワッ
この子を残して
私は死ねないー
スヤ
スヤ

カッ
カッ
⑷
自業自得死《じごうじとくし》
カッ
カッ
ギィー
あいつは最後まで改心しなかったな
可哀想だが地獄行きだな
必ずしも自分の責任で低級霊になるわけではありません人に殺されたり誤って事故で死んでしまった場合などでも低級霊になることはあるのです

低級霊になった霊は
人間に憑依して
救済してもらおうとする
すなわち憑依された
人間は苦しみ
その苦しみを除くために
神霊治療を受ける
神霊治療を受けることで
低級霊は浄化され
天界に確かな修行の場所を
見つけることができる
これが霊救済の原理である

憑依には大きく分けて
二つあります
一つは慢性憑依
もう一つは急性憑依
です
……
急性憑依というのは
何十年何百年と霊界に居場所が
なく　さまよい　のたうちまわっ
ていた霊がその苦しさのあまり
人間に憑依して人間の体を占拠
してしまったときに起こる
異常現象です
霊の苦悩が
そのまま異常現象として
現れるのですね
そうです
猛烈な腹痛
急激な悪寒
突然襲う呼吸困難
という症状で
現れます
痛
寒～
苦しい…

病名としては心臓麻痺　心不全　脳溢血　脳出血などで時には運転中の突然の失神で大事故が起こったりします
ズキン
カックン
このような急性の症状は神霊治療で治りますか？
多くの場合は急性ですから緊急を要しますしかしその場に神霊能力者が居合わせるということはほとんどありません
常識的には医学的治療で応急処置をし後日神霊治療によって悪霊を除霊するというのが確かな方法です

会長先生は急性憑依で苦しむ人に出会ったことがありますか？
あります
聖
それは十年前のことだった
待合室
次の方Kさん！
聖
はい

うっ
ドタッ
どうなさいました？
くっ苦しい痛いっ
どうしたのですか？
この方が突然倒れました！
ジッ
ガッ
うぐぐっ

これは危ない！
急性憑依だ
ええい！
モア〜

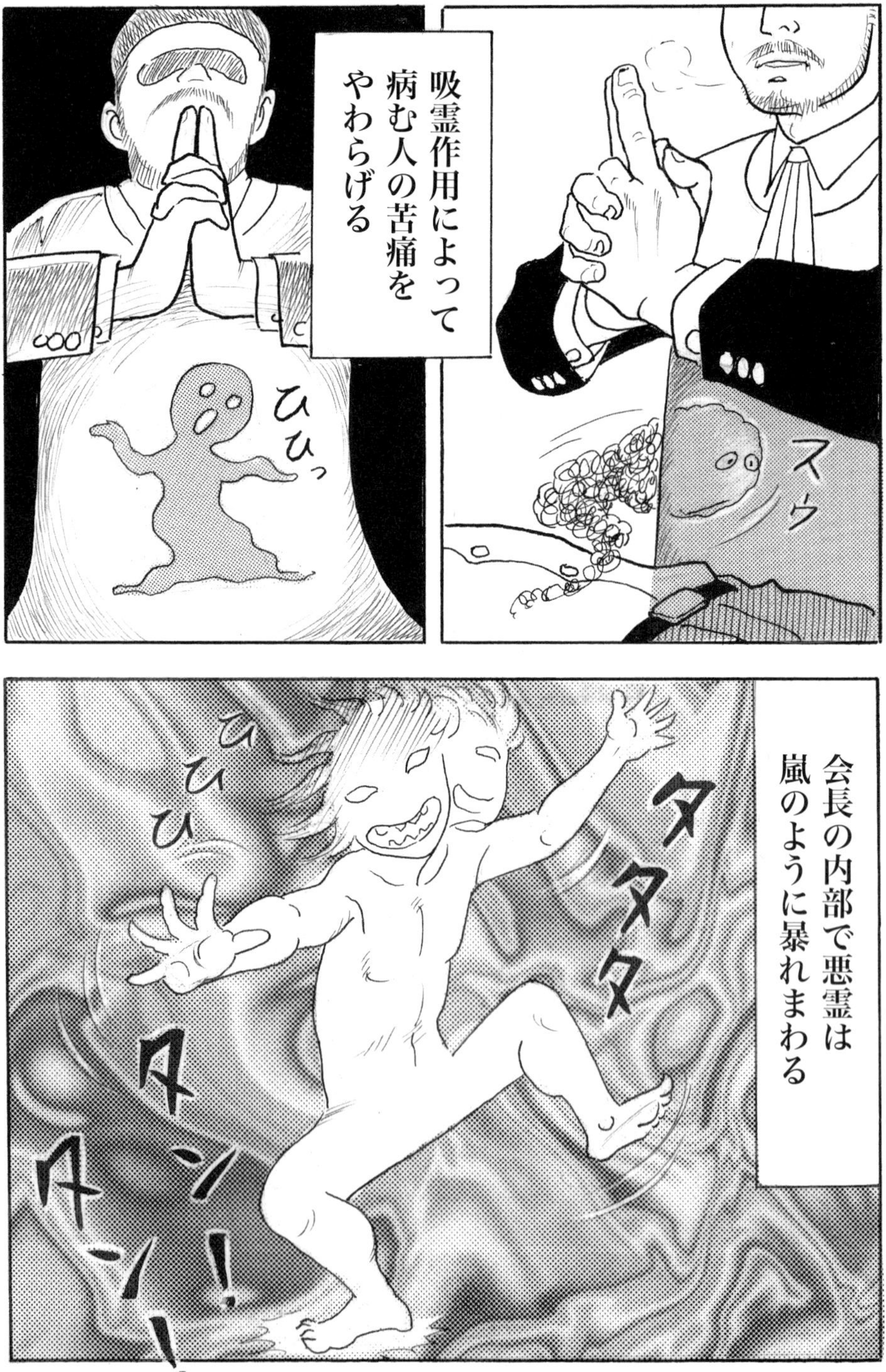
スゥ
吸霊作用によって
病む人の苦痛を
やわらげる
ひひっ
会長の内部で悪霊は
嵐のように暴れまわる
タタタ
ひひひ
タン!
タン!

!?
ううっ くっ苦しい…
早く楽にしてくれぇ
あなたは誰ですか
Kの父親だ
今 浄霊して楽にして差し上げます その代わり私の尋ねることに答えるのですよ
コクっ

聖
ええい
ああ…楽になりました
聖
どうして可愛い我が子を苦しめるようなことをするのか
私は突然の事故で死にました…

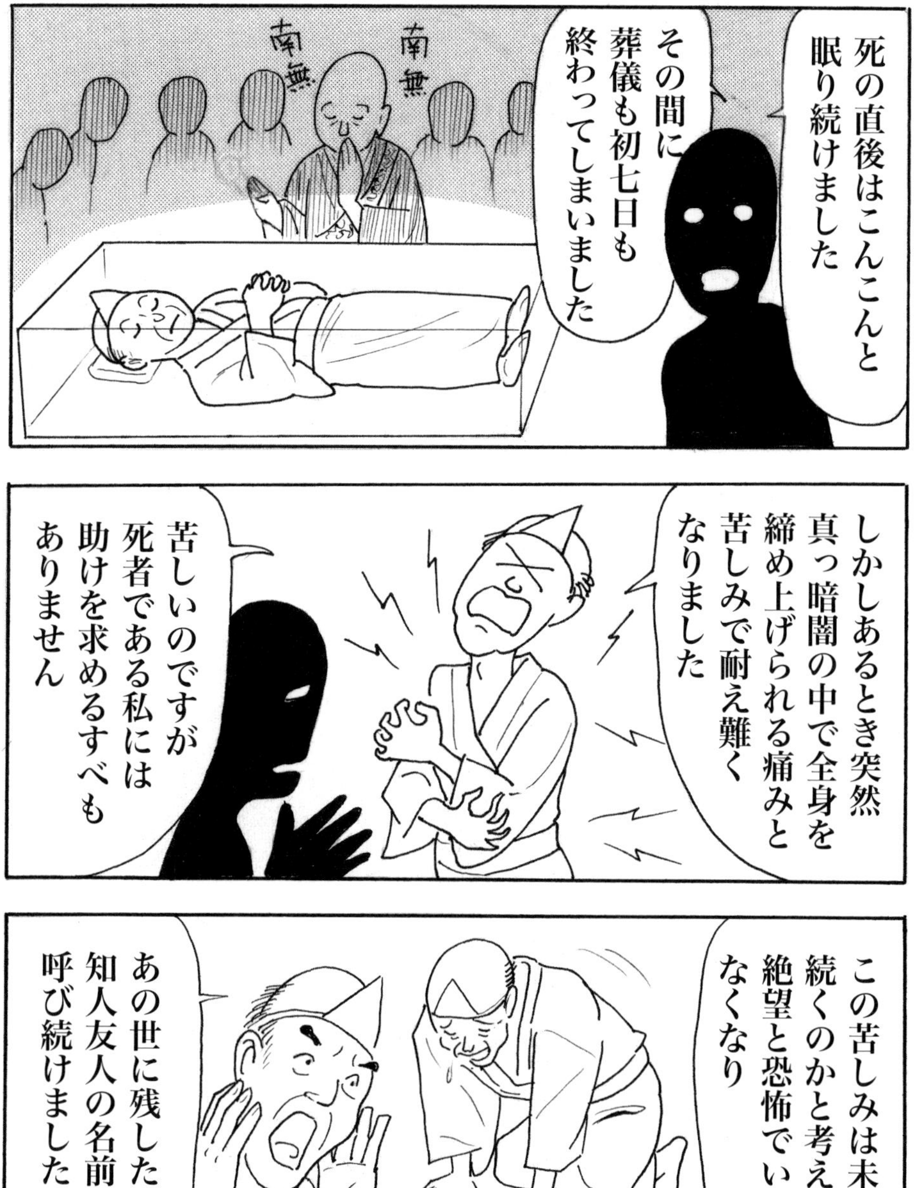
死の直後はこんこんと眠り続けました
南無
南無
その間に葬儀も初七日も終わってしまいました
しかしあるとき突然真っ暗闇の中で全身を締め上げられる痛みと苦しみで耐え難くなりました
苦しいのですが死者である私には助けを求めるすべもありません
この苦しみは未来永劫に続くのかと考えると絶望と恐怖でいたたまれなくなり
あの世に残した家族や知人友人の名前を呼び続けました

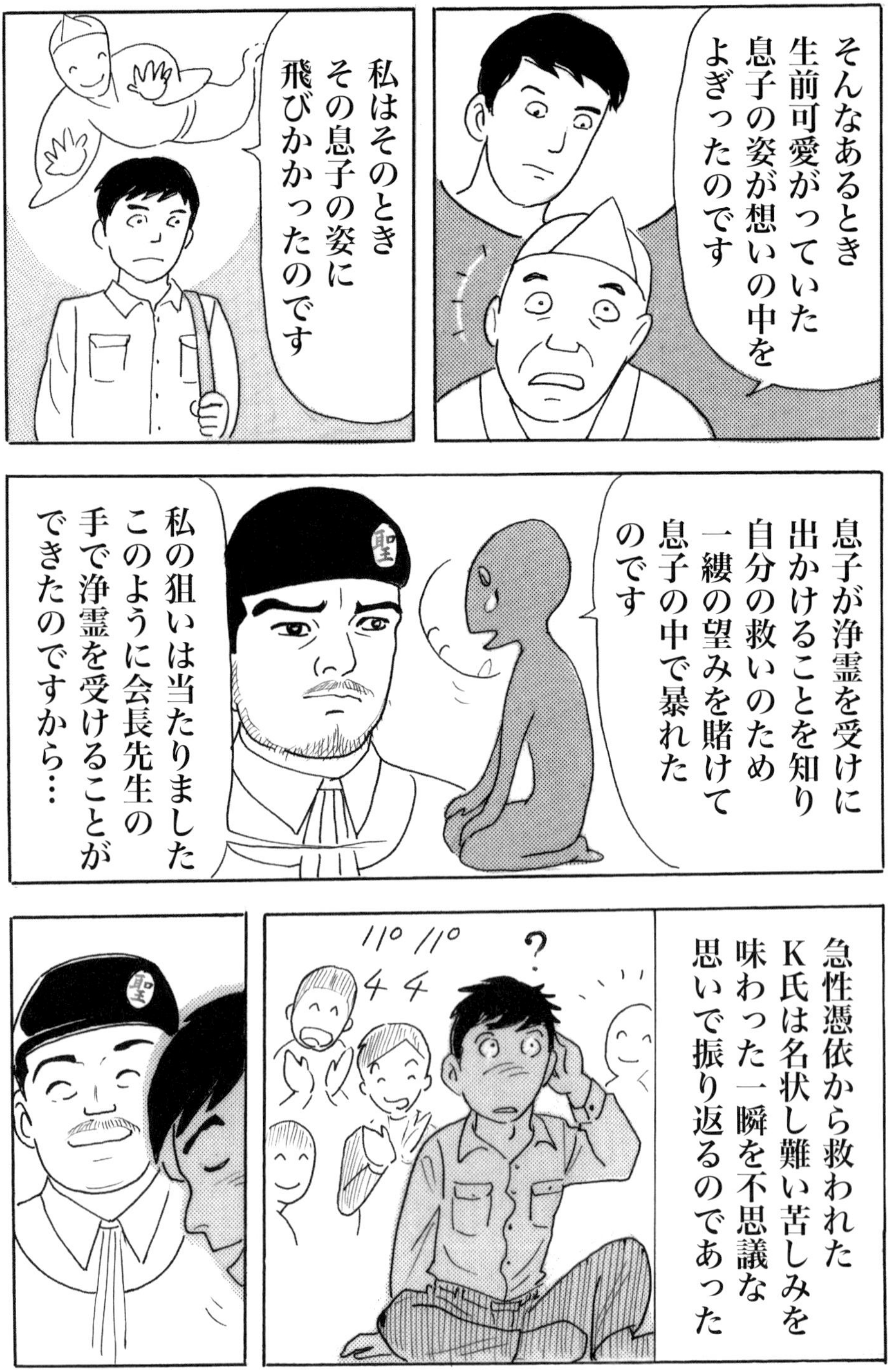
そんなあるとき
生前可愛がっていた
息子の姿が想いの中を
よぎったのです
私はそのとき
その息子の姿に
飛びかかったのです
息子が浄霊を受けに
出かけることを知り
自分の救いのため
一縷の望みを賭けて
息子の中で暴れた
のです
私の狙いは当たりました
このように会長先生の
手で浄霊を受けることが
できたのですから…
急性憑依から救われた
K氏は名状し難い苦しみを
味わった一瞬を不思議な
思いで振り返るのであった
パチ パチ
?

憑依による霊障の多くはここに紹介したように突然に急激な痛みや苦しみが出てくるというより慢性的に原因不明の体調不良が続いたり通常の病気の進行のように時間をかけて症状が悪化してくるケースが多いのです
聖
霊障というのは身内の死者によっても起こるのですね
低級霊には身内や他人という区別はありません
自分が救われたいと思えば誰にでも憑依します
霊は根本的に人間と同じ思考回路を持っていません

高級霊は子孫の守護霊になることが多いのですが低級霊はまずは自分が救われることが先決なのです
ファースト
わかりました私たちは絶えず低級霊に狙われているんですねでも実際に憑依されてすぐに霊能者を訪ねることができない場合はどうすればいいのですか？
そんな時のために私どもでは二つの自己浄霊法の技を伝授しています
二つの自己浄霊法って自分自身で神霊治療ができるということですか？
そうです一般社会の応急手当のようなものですとりあえず自己治療で症状を鎮めておいて時間の余裕のある時に霊能力者の手で本格的に他者浄霊をしてもらうことです
二つの自己浄霊ができると心強いですね

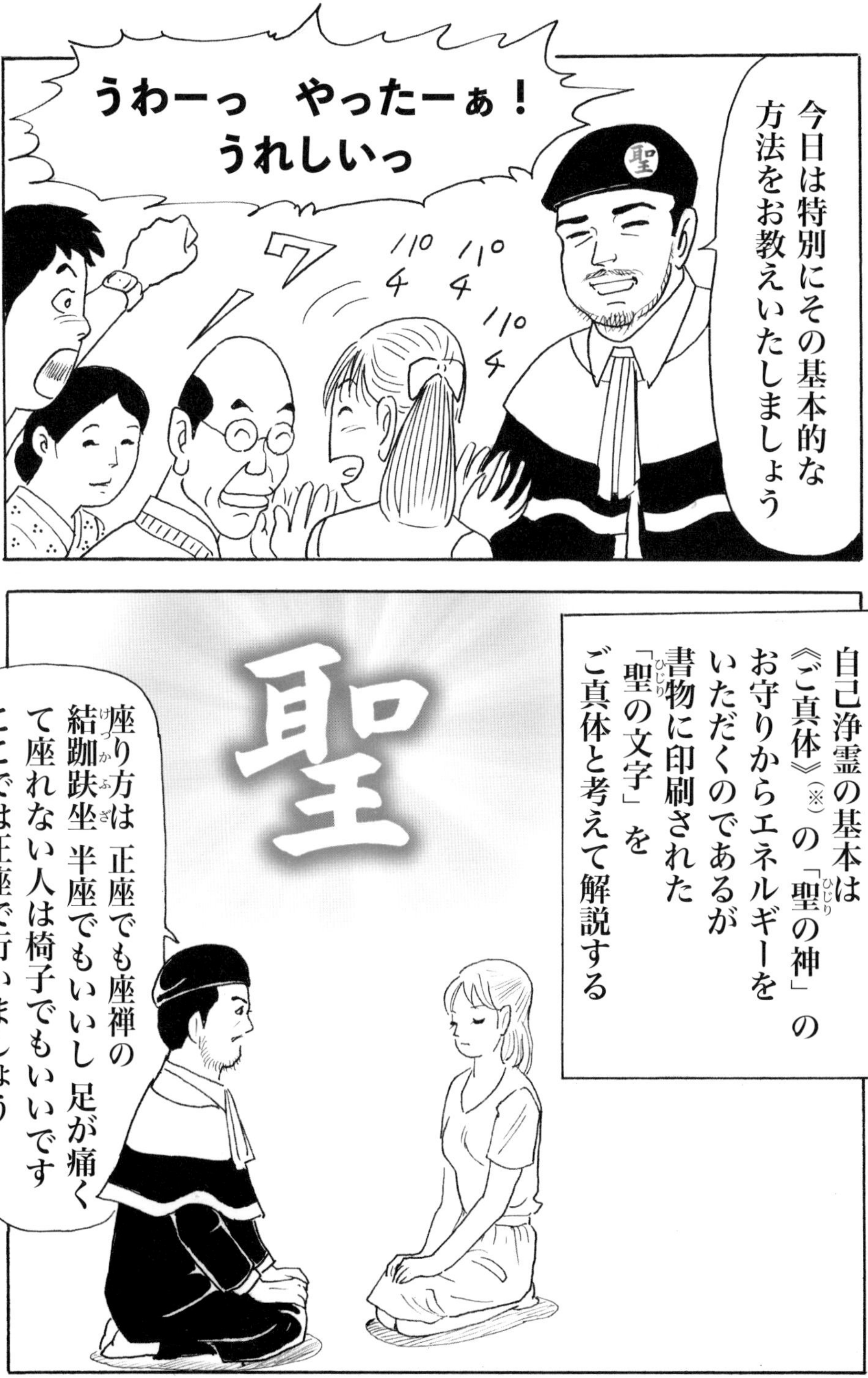
今日は特別にその基本的な方法をお教えいたしましょう
うわーっ　やったーぁ！
うれしいっ
パチ
パチ
パチ
自己浄霊の基本は《ご真体》(※)の「聖《ひじり》の神」のお守りからエネルギーをいただくのであるが書物に印刷された「聖《ひじり》の文字」をご真体と考えて解説する
聖
座り方は 正座でも座禅の結跏趺坐《けっかふざ》 半座でもいいし 足が痛くて座れない人は椅子でもいいです
ここでは正座で行いましょう

※神が宿る物や場所のことを通常「ご神体」と呼ぶが日本神霊学研究会では「ご真体」と表記する

聖
本を開いて聖の文字を見つめてください
実際の聖の字は銀色にまっ白くキラーッと光り輝いています
それをイメージして下さい
聖
聖の神はご神事として次のように伝えています

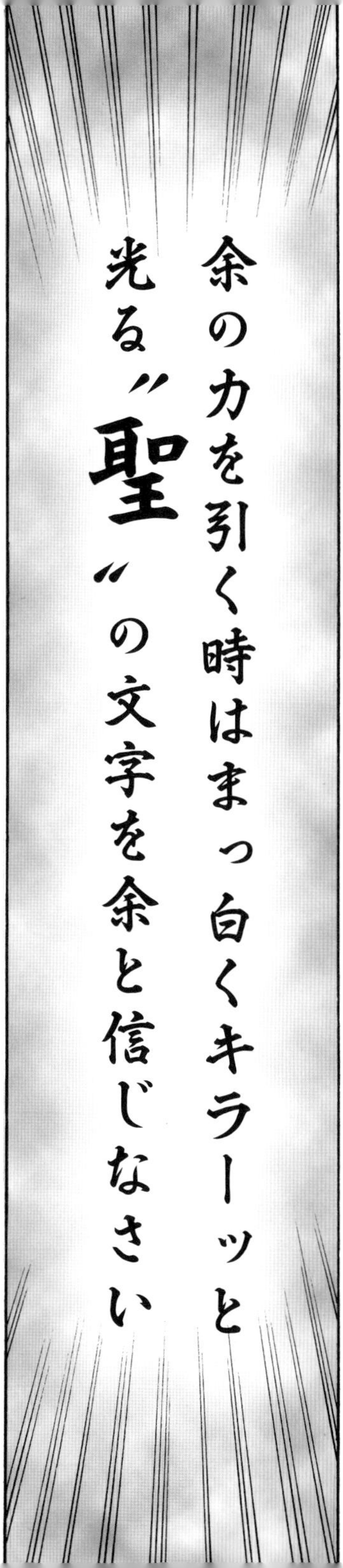
余の力を引く時はまっ白くキラーッと
光る〝聖〟の文字を余と信じなさい

あなたが自己浄霊で治したい場所を心に描いて本で開いた聖の字を胸に当てます
聖の文字のキラメキを心に焼き付けたら心で静かに念じて下さい
聖の神様 超神霊エネルギーを私に下さい…お願いします…と深く静かに念じるのです

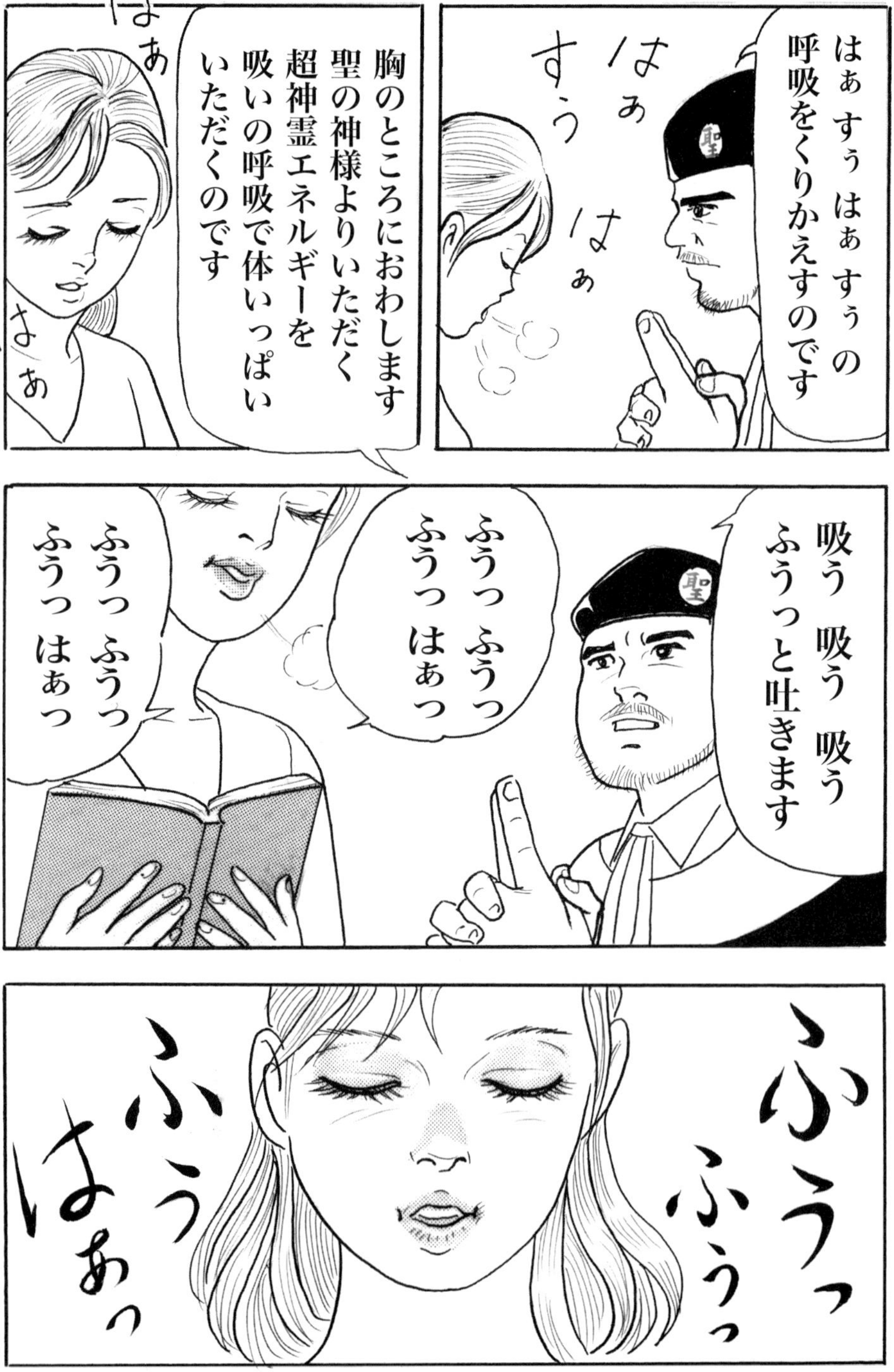
はぁすぅはぁすぅの
呼吸をくりかえすのです
はぁ
すぅ
はぁ
胸のところにおわします
聖の神様よりいただく
超神霊エネルギーを
吸いの呼吸で体いっぱい
いただくのです
はぁ
はぁ
吸う 吸う 吸う
ふうっと吐きます
ふうっ ふうっ
ふうっ はぁっ
ふうっ ふうっ
ふうっ はぁっ
ふうっ
ふうっ
ふう
はぁっ

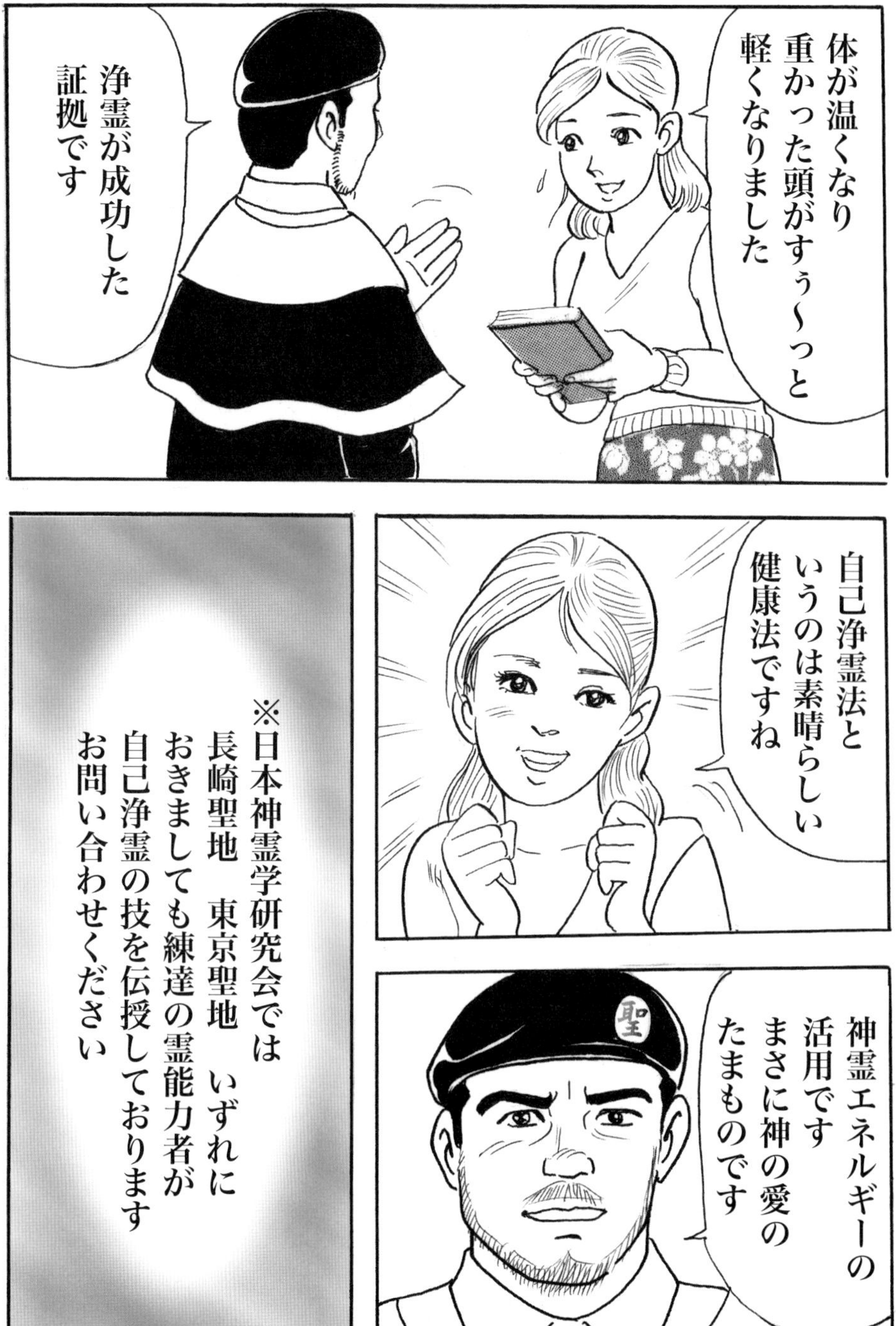
体が温くなり
重かった頭がすぅ～っと
軽くなりました
浄霊が成功した
証拠です
自己浄霊法と
いうのは素晴らしい
健康法ですね
神霊エネルギーの
活用です
まさに神の愛の
たまものです
聖
※日本神霊学研究会では
長崎聖地　東京聖地　いずれに
おきましても練達の霊能力者が
自己浄霊の技を伝授しております
お問い合わせください

—二章—

# 死後の世界

聖

聖
ワイワイ
ポンポン
ホーリャ
ホーリャ
アー

霊界
死後の世界は信じる
信じないに関わらず
確実に存在する
プク
プク

# 死は大霊界の法則である

大霊界の法則は
現界での修行を終え
死の世界に入り
やがて天界での
修行に入る
と定められている

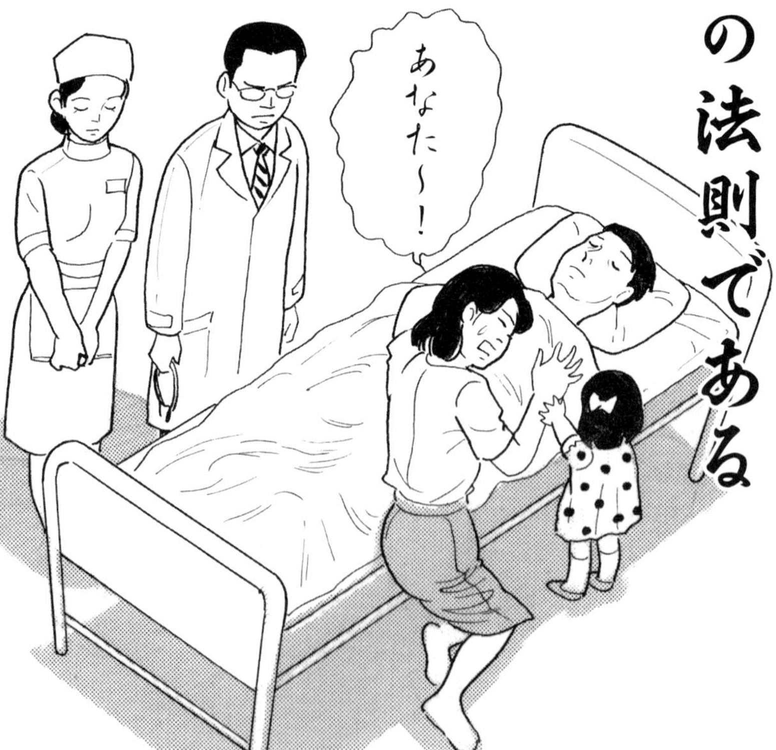

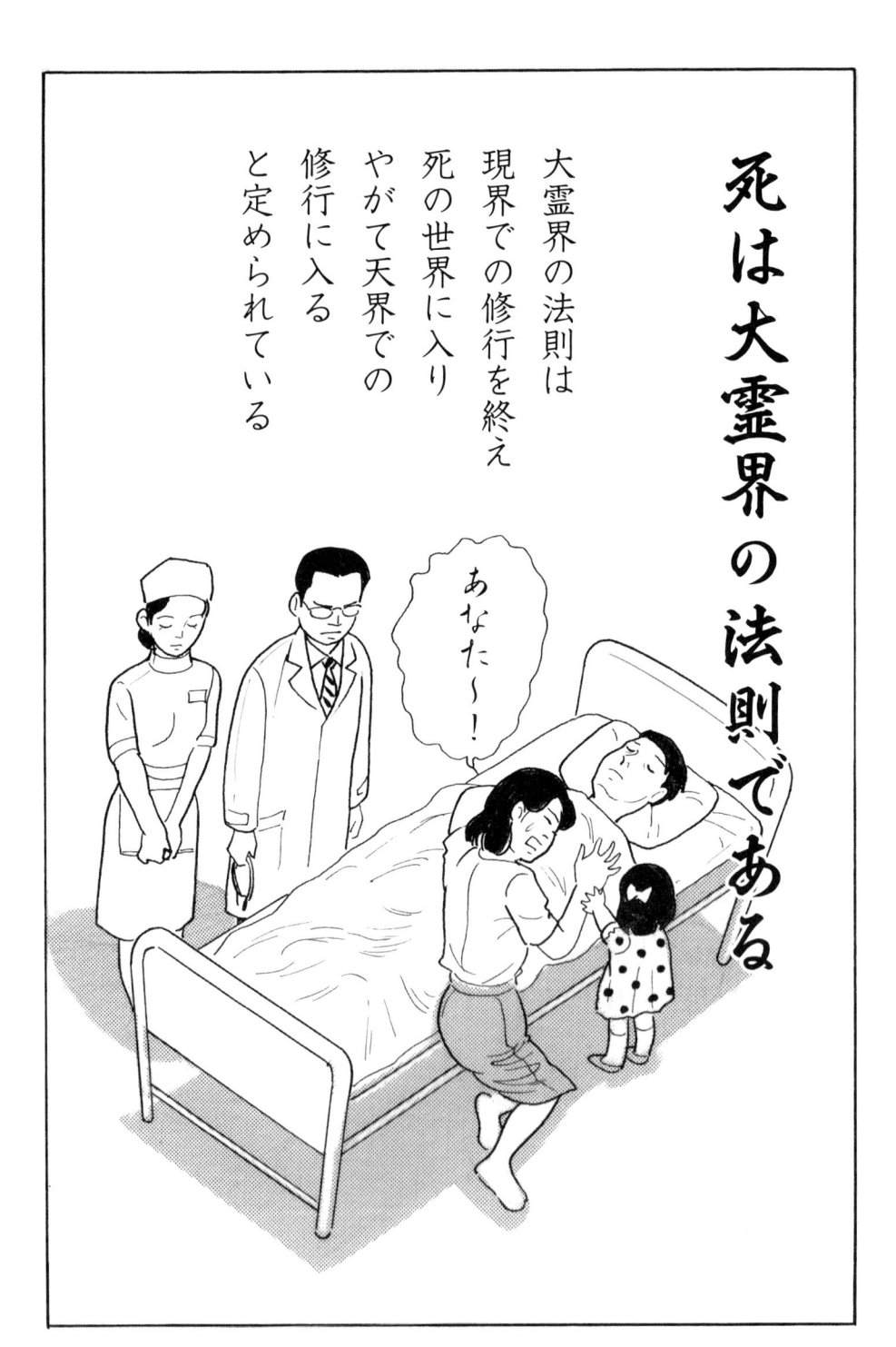

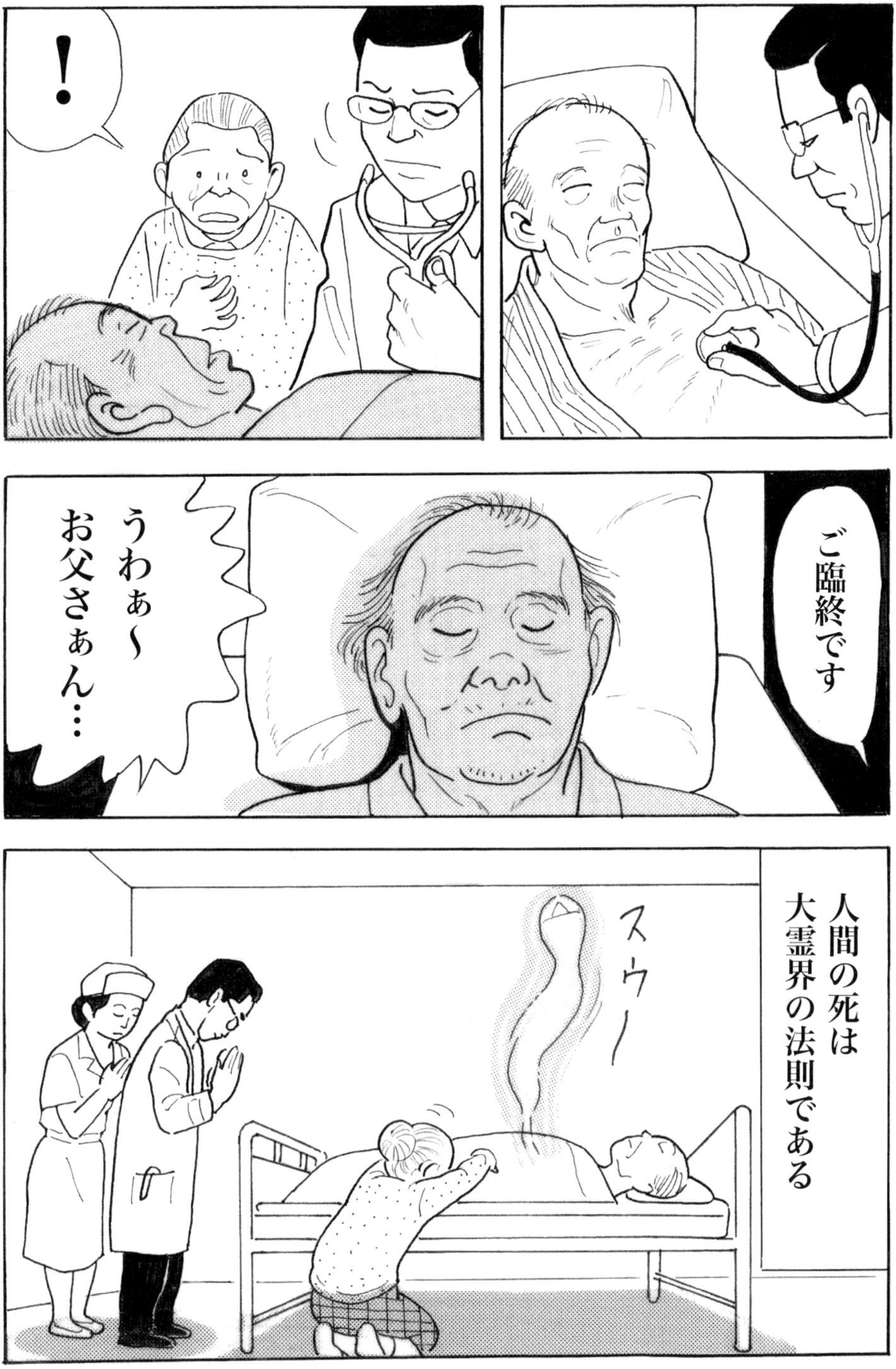
!
ご臨終です
うわぁ〜
お父さぁん…
人間の死は
大霊界の法則である
スゥー

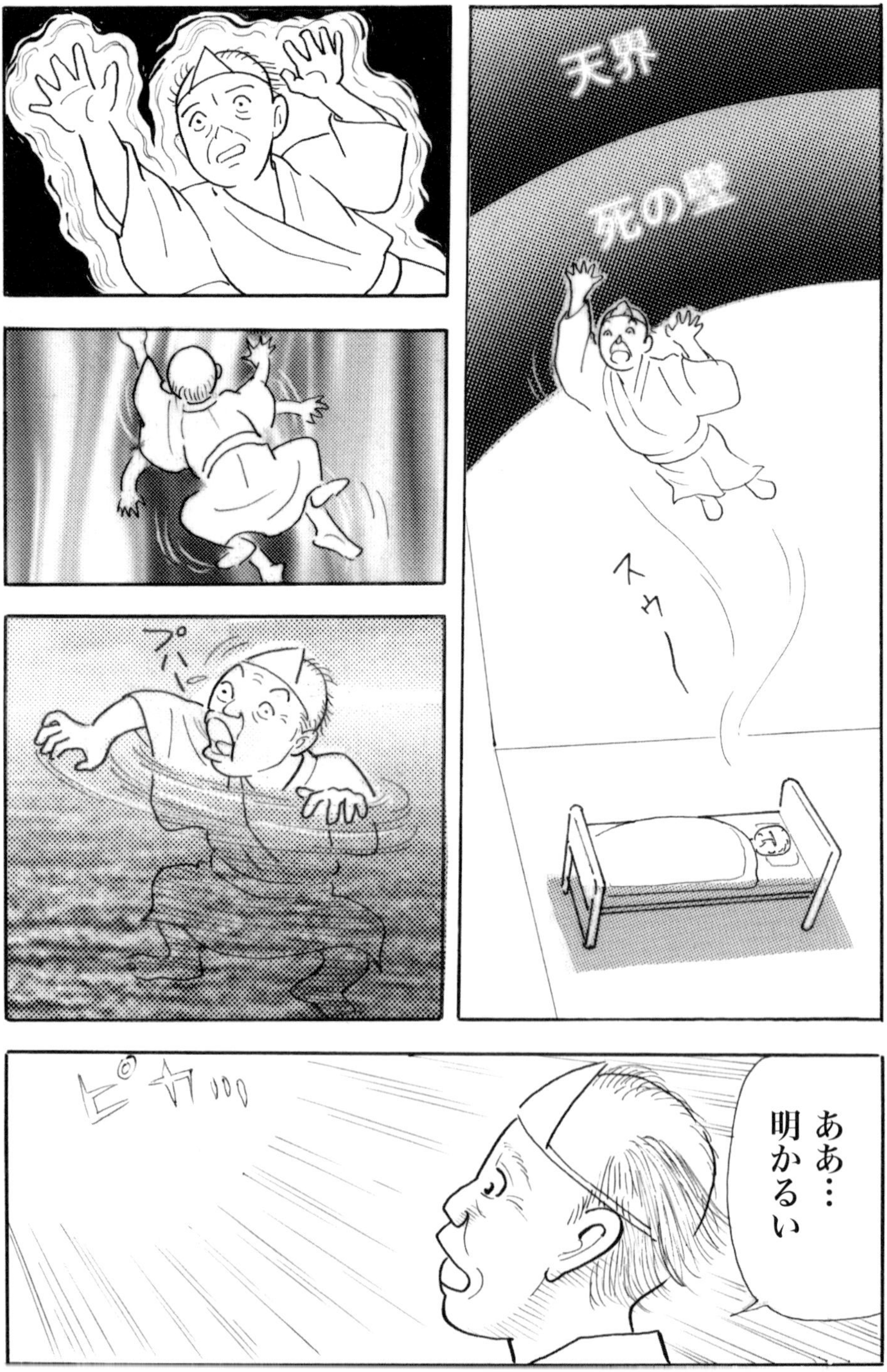
天界
死の壁
スゥー
プハー
ああ…
明かるい
ピカ

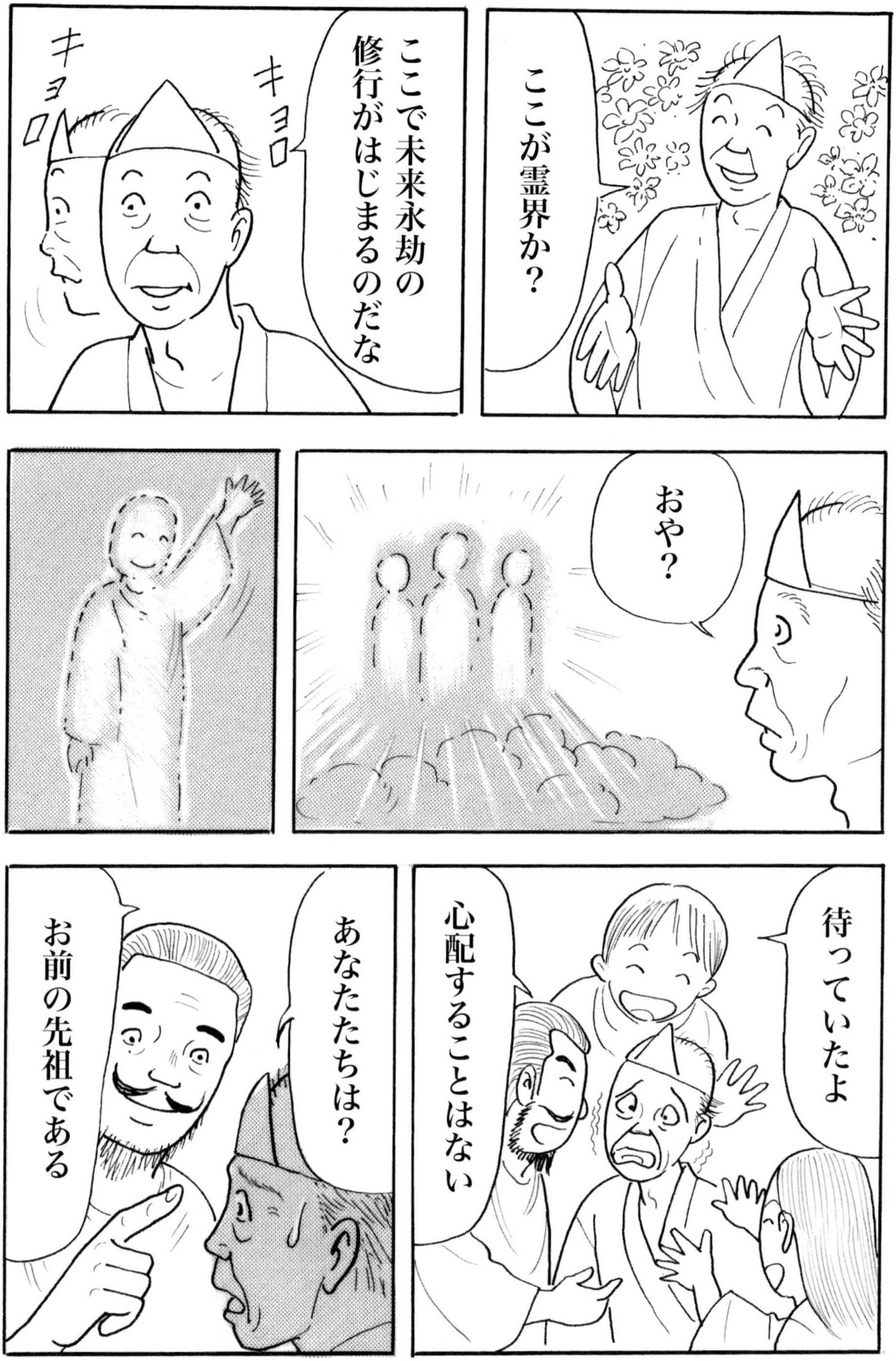
ここが霊界か？
ここで未来永劫の修行がはじまるのだな
キョロ
キョロ
おや？
待っていたよ
心配することはない
あなたたちは？
お前の先祖である

二十年前に死んだ
お婆（ばば）さんは？
そなたの婆は
今修行中の身だ
そのうち会えるだろう
わしは
大叔父じゃよ
さあ私たちと一緒に来なさい　そなたの修行の場に連れていってやろう
大霊界の法則にしたがって生命を全うした者は　先人の霊に迎えられ　永遠の修行の場が与えられる
これが
天界なのかぁ

大霊界の法則は一つではない
天界の壁
ガンガン
入れろーっ
バン
ワッ
ギャアアアアアア
助けてくれぇぇぇぇぇぇ

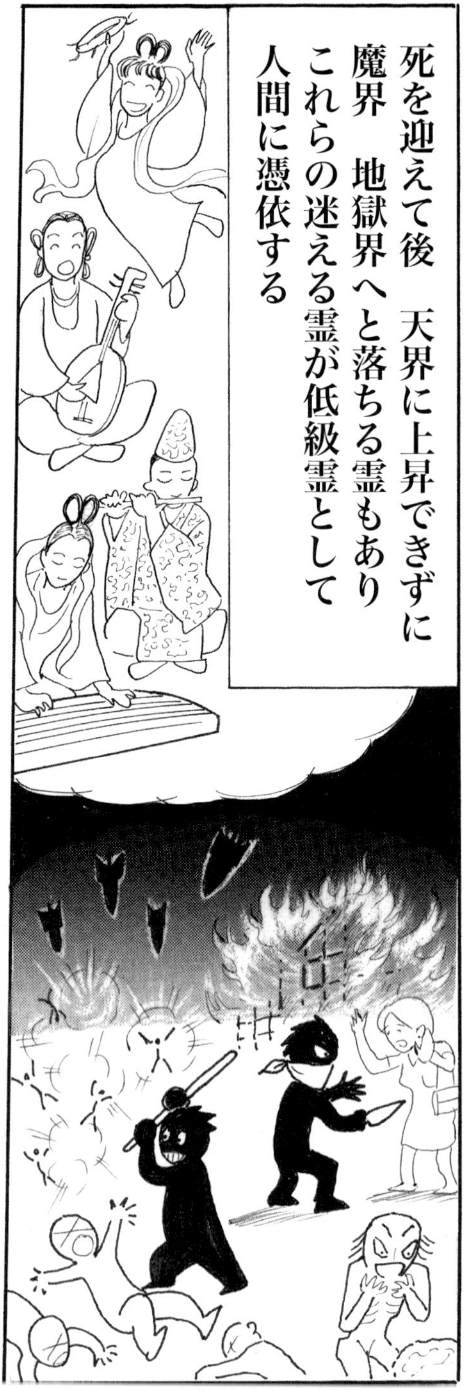
死を迎えて後　天界に上昇できずに
魔界　地獄界へと落ちる霊もあり
これらの迷える霊が低級霊として
人間に憑依する

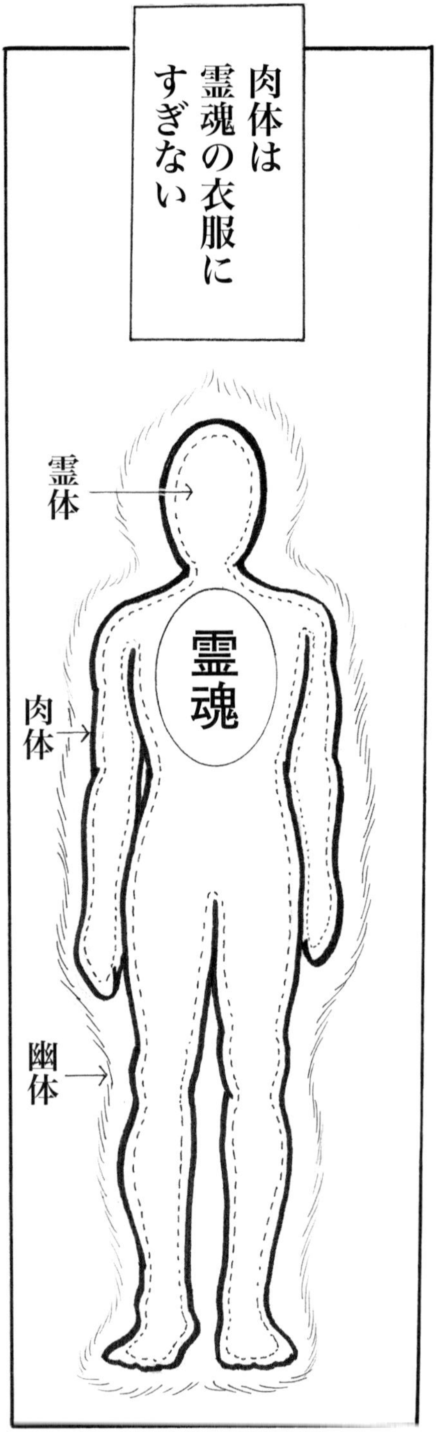
肉体は
霊魂の衣服に
すぎない
霊体
肉体
幽体
霊魂

お母さん
私は天界で
楽しく修行の
日々を過ごして
いるのですよ
ルンルン
宿題もないよ
ナムナム
霊学的に
死は悲しむべき
ものではない
うわぁ〜〜

霊魂は不滅である
何千年も何万年も
霊魂は修行の日々を
送るのである
神となるために
天界での修行の日々は続く

霊魂の形成と霊界への旅立ち
私たちが死んだ場合
どのようにして
霊界へ入っていくか
これは現界に生きる
人間にとって
大きな関心事である
霊界入口

霊界入口
ギギギ
おーっ

私の仮説では
人間の自然死の場合
死後三日くらい
人間界における睡眠
すなわち昏睡に似た
状態になっています
一命
心体
死んだ人の霊魂は
約三日間は眠っている
グー
グー
ボリ
ボリ

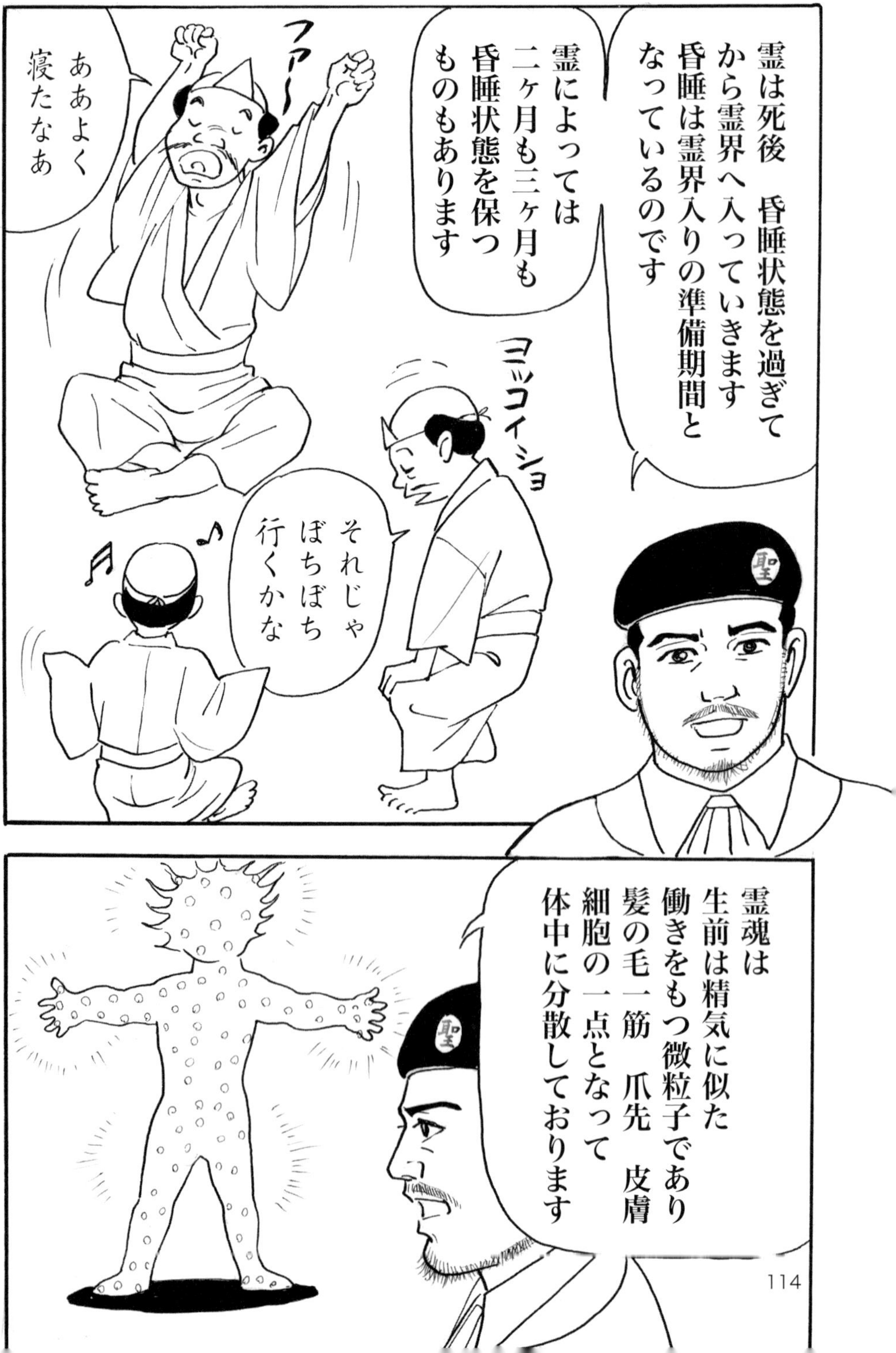
霊は死後　昏睡状態を過ぎてから霊界へ入っていきます
昏睡は霊界入りの準備期間となっているのです
霊によっては二ヶ月も三ヶ月も昏睡状態を保つものもあります
ファ〜
ああよく寝たなあ
ヨッコイショ
それじゃぼちぼち行くかな
霊魂は生前は精気に似た働きをもつ微粒子であり髪の毛一筋　爪先　皮膚細胞の一点となって体中に分散しております

人間は死によって全身に散りばめられていた微粒子ような精気が霊魂として集約され幽体から抜け出していくのです
早い人で三日遅い人で三ヶ月もかかるのです
もちろん霊魂は人の目には見えませんだが確かに存在していますゆえに霊界もまた存在しているのです
昏睡の状態から醒めた霊魂が霊界に入っていくのです
霊界入口

死亡直後に家族が
死者の想いを知りたくて
職業霊媒師に招霊を
頼んでも霊は降霊される
ことはありません
エイ
エイ
エーーイ
それは 死亡直後の
霊は昏睡の状態に
あるからです
グーグー
二十年前のことだった
忌中

子供が生まれたばかりで亡くなった彼はさぞ心残りであったろう
彼はおそらくこの世に想いを残しているに違いない
隈本先生は神霊能力者ですから彼の魂をここに呼び戻してはもらえませんか彼の無念の気持ちを訊いてみたいのです
死してしばらくの間は昏睡状態にあり招霊できないことが多いのです
そこをなんとか揺り動かしてでも目を覚まさせて招霊してもらうことはできませんか！
ドン
そうよそうよ
お願いします！
ガヤ
ガヤ

酒が入っている通夜の客は執拗に隈本会長に死者の招霊を頼み込むのだった
……
ペコ
ペコ
あまりの熱心さに隈本会長は 初めて死んで二日目の霊を招霊することにした
通常なら降ろした霊を自分の体に呼び込むのだが降霊の事実を第三者に信じてもらうため他人の体を借りて霊を降ろすことにした
それではどなたか霊媒になっていただきましょう
しーん

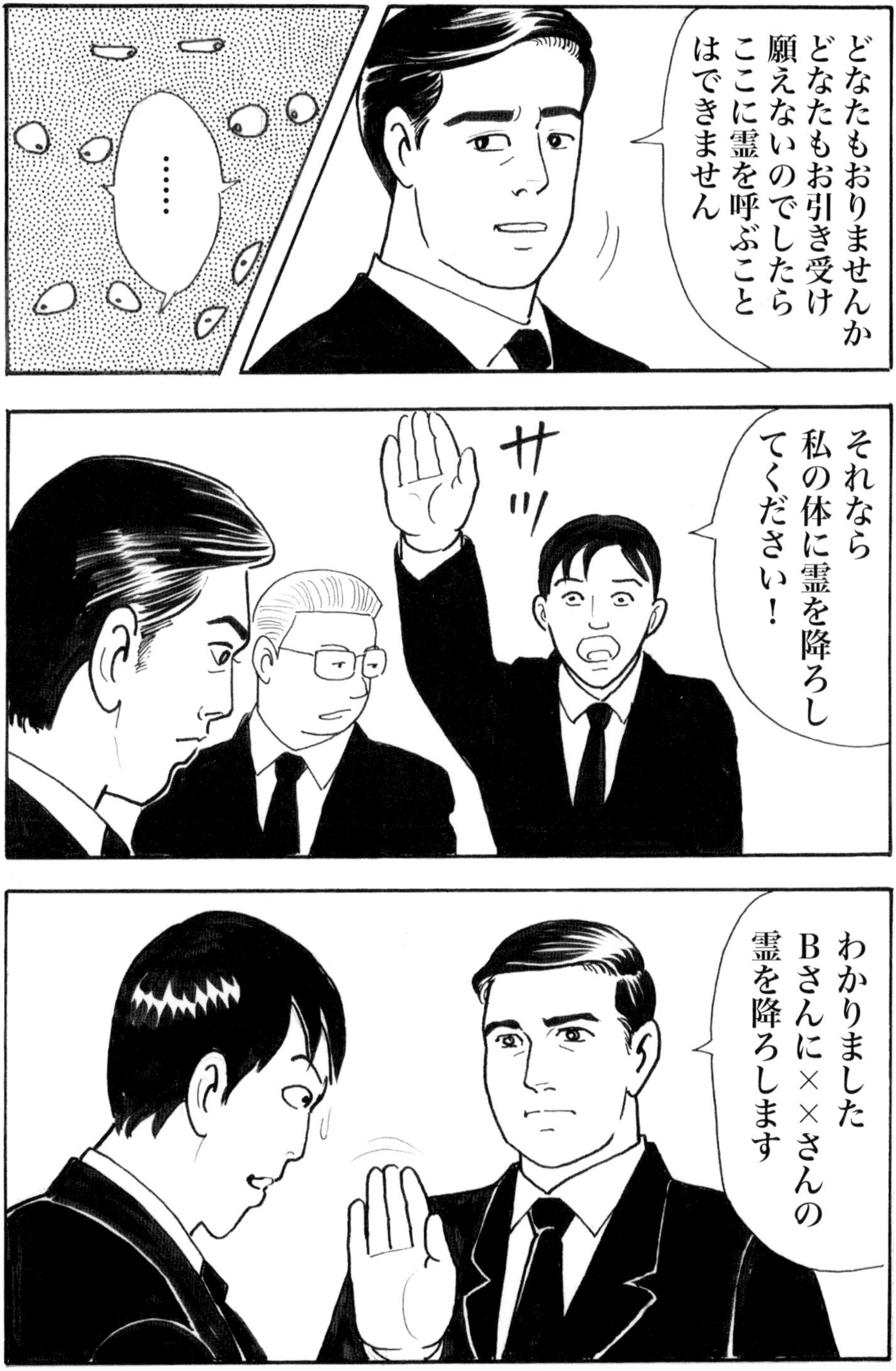
どなたもおりませんか　どなたもお引き受け願えないのでしたらここに霊を呼ぶことはできません
……
サッ
それなら私の体に霊を降ろしてください！
わかりましたBさんに××さんの霊を降ろします

カ

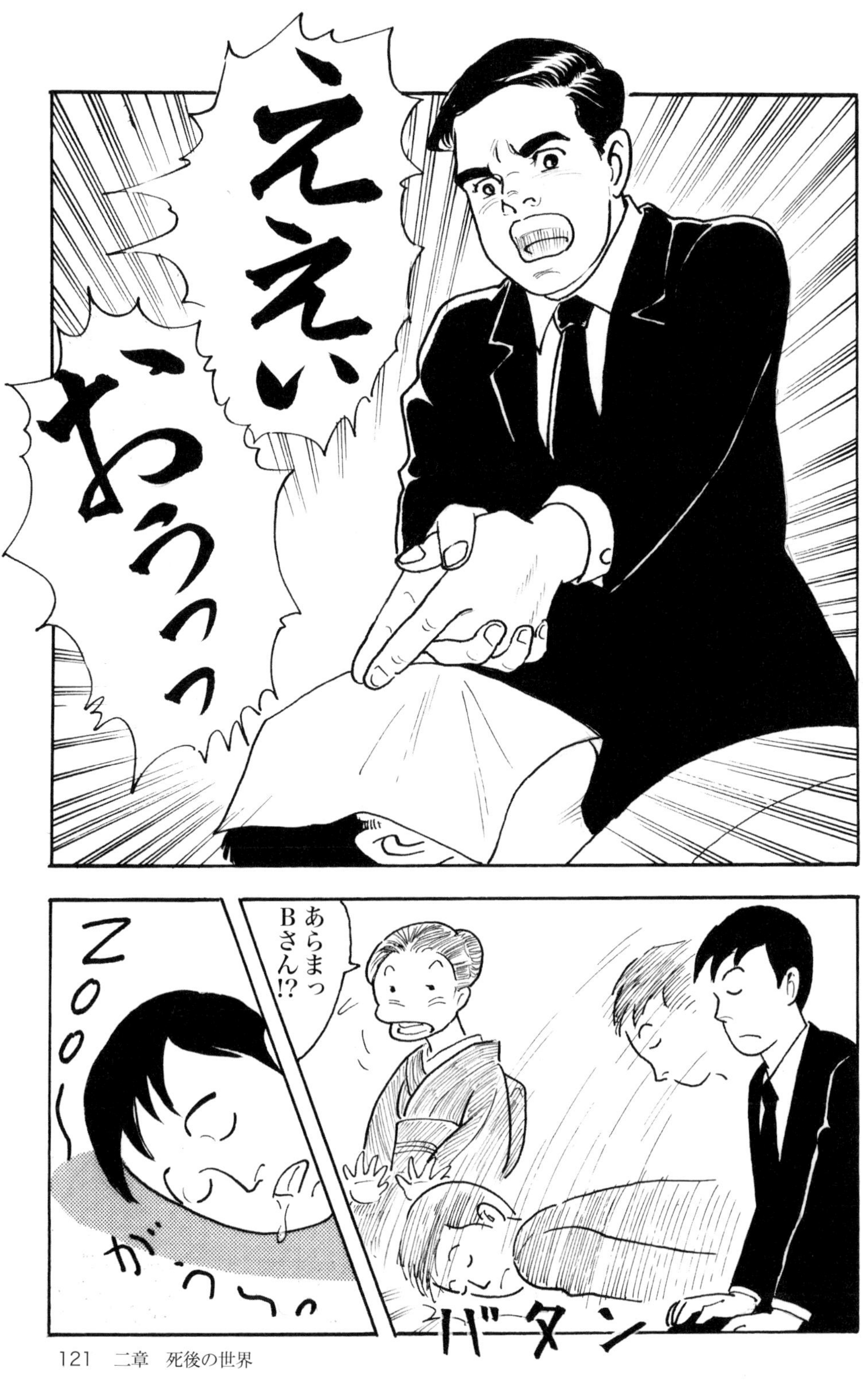
ええい、
おうっっっ
あらまっ
Bさん!?
バタン
Zooo

××さん　起きて
今の心境を
お聞かせ下さい
グオ〜
グオ〜
眠い　このまま
眠らせてくれ
なにも話す気に
なれない
気力が湧かない
！
じじぅ〜

みなさん
申し上げたとおり
××さんは霊界に
入る準備期間として
これからしばらくの
間は昏睡状態に
あります
招霊されてこの場に
降りてきたのは
本人にとってこの上
ない迷惑なのです
再び死の世界に
戻ってもらいます
ええい！
うお〜っ
パム
ガバッ

どうしました？
キョロ
キョロ
？
？
あなたに××さんの霊が降りてきたのですよ
確かに××さんは幻覚のように現れました
話しかけようと思う間もなくあっという間に私の体に入り込んできたのです
！
スーッ
そうしたら私は急に眠くなって
トローン
グ〜
それから眠りの中に引きずり込まれて…

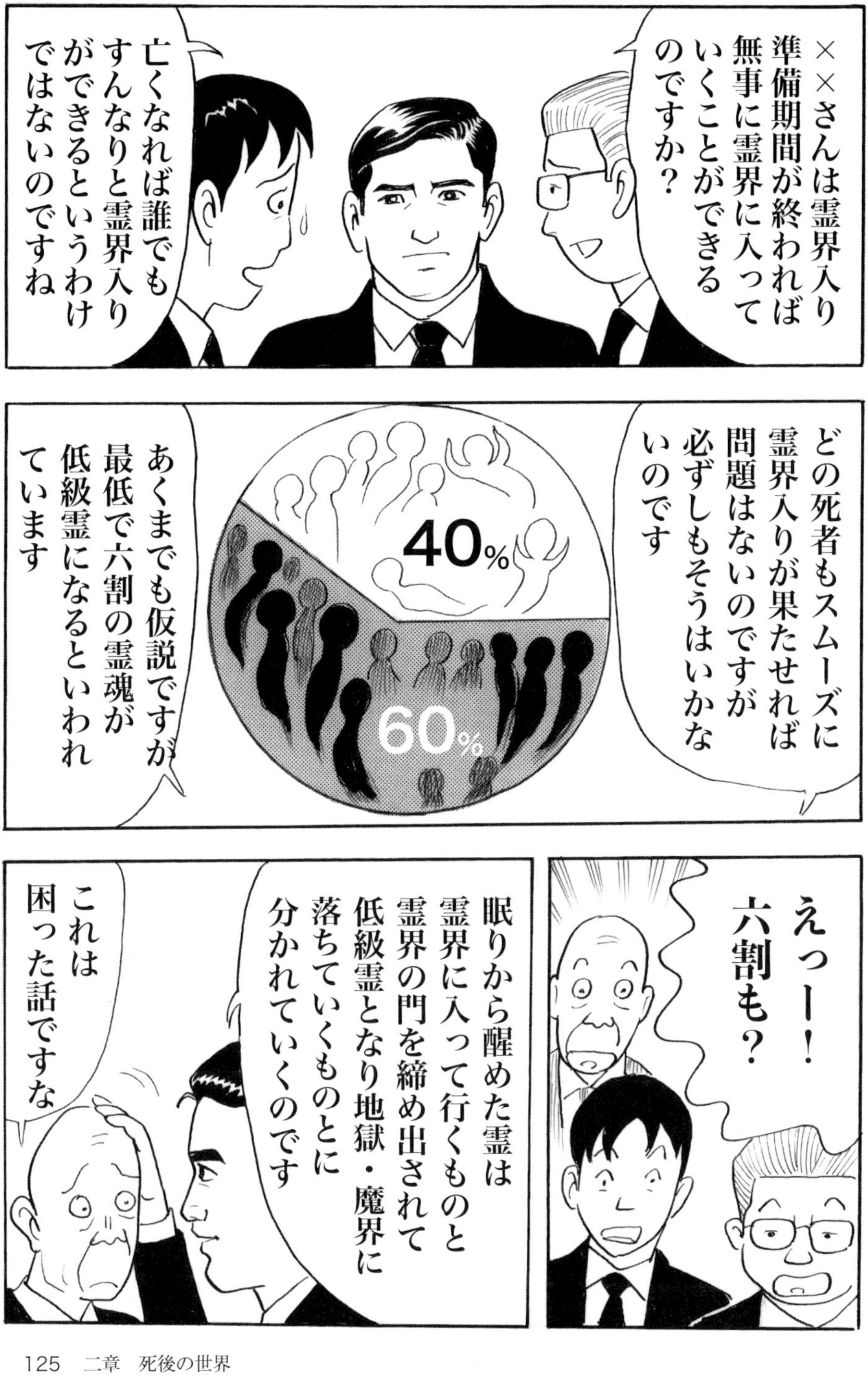
××さんは霊界入り準備期間が終われば無事に霊界に入っていくことができるのですか？
亡くなれば誰でもすんなりと霊界入りができるというわけではないのですね
どの死者もスムーズに霊界入りが果たせれば問題はないのですが必ずしもそうはいかないのです
40%
60%
あくまでも仮説ですが最低で六割の霊魂が低級霊になるといわれています
えっー！六割も？
眠りから醒めた霊は霊界に入って行くものと霊界の門を締め出されて低級霊となり地獄・魔界に落ちていくものとに分かれていくのです
これは困った話ですな

霊界通信で知るあの世の風景
果たして死者が霊界の門をくぐるとどんな風景が待っているのだろうか？
死者が送ってくる霊界通信にはまれにあの世の風景がある
その霊界通信が正しいものであるか粉飾されたものであるかそれを現世を生きる人間に検証すべき手段はありません
MAIL
MAIL
聖
霊界通信

霊界通信により知らされた
あの世の風景
霊界通信で
送られてくる
風景は美しく
爽やかの一語に
つきます
ステキ!

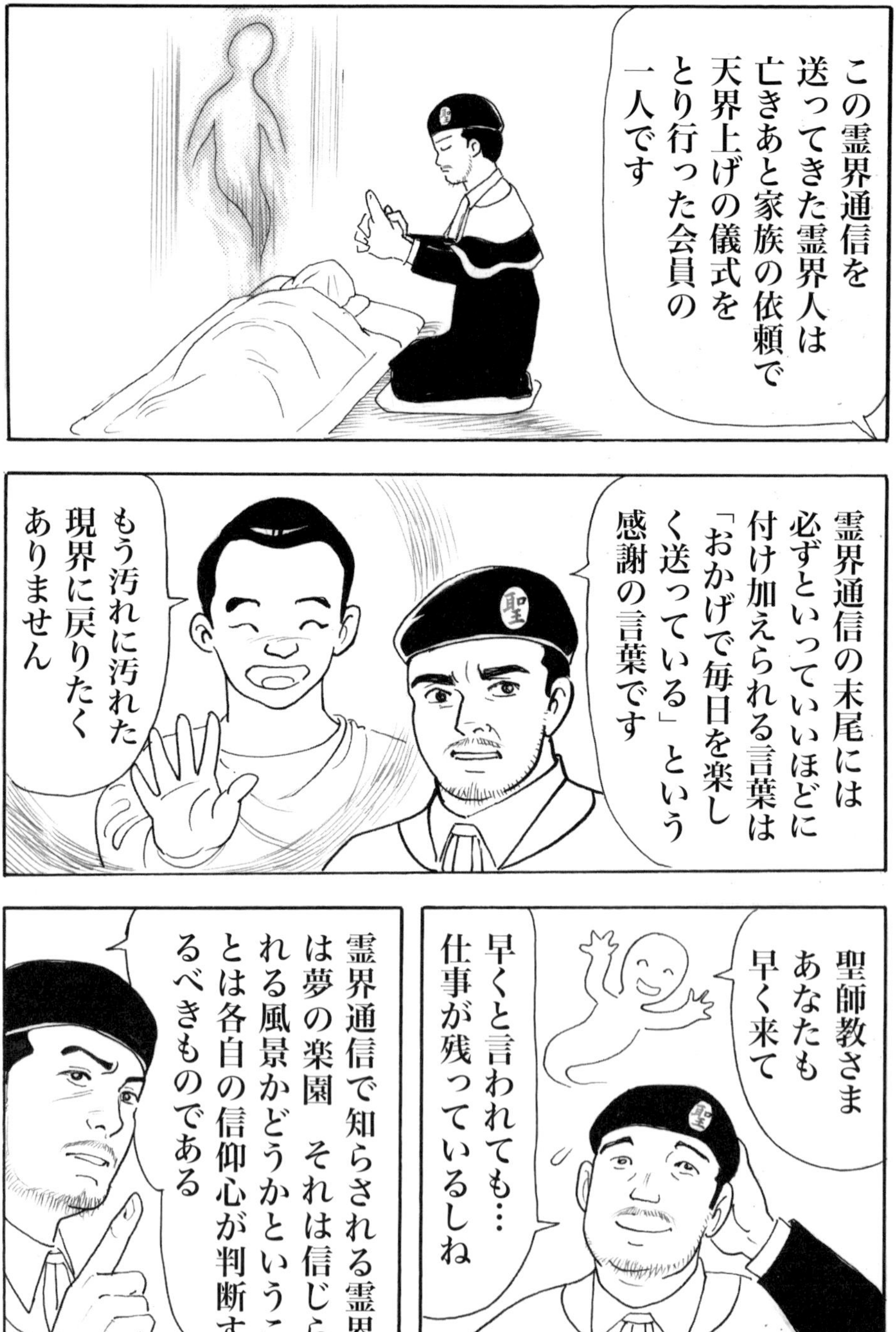
この霊界通信を送ってきた霊界人は亡きあと家族の依頼で天界上げの儀式をとり行った会員の一人です
霊界通信の末尾には必ずといっていいほどに付け加えられる言葉は「おかげで毎日を楽しく送っている」という感謝の言葉です
もう汚れに汚れた現界に戻りたくありません
聖師教さま あなたも早く来て
早くと言われても…仕事が残っているしね
霊界通信で知らされる霊界は夢の楽園 それは信じられる風景かどうかということは各自の信仰心が判断するべきものである

仏教の教える極楽
八功徳水

仏教では功徳を積んで大往生したものは極楽浄土に行けると教えている

地獄はイメージの世界
宗教は人間を教え導くものである
善を行ったもの　深い信仰心を
持ったものは極楽に行き　教えに
背き悪行《あくごう》の限りを尽くしたものは
地獄に堕《お》ちるというのは一つの戒《いまし》
めの教えである
ヒヒ
ワー
ギャー
ヒー

神霊学的には低級霊のいる世界
神霊学的には地獄・魔界というのは霊界での修行を締め出された低級霊のうごめく世界で絶えず憑依する人間を狙っているのです
ひひひ
取り憑くぞ～ひひひ
地獄の亡者は追善供養によって救われますが低級霊は神霊治療によって浄化され霊界に送り届けてもらうことで救われます

―三章―

# 念
## 凄まじきエネルギー

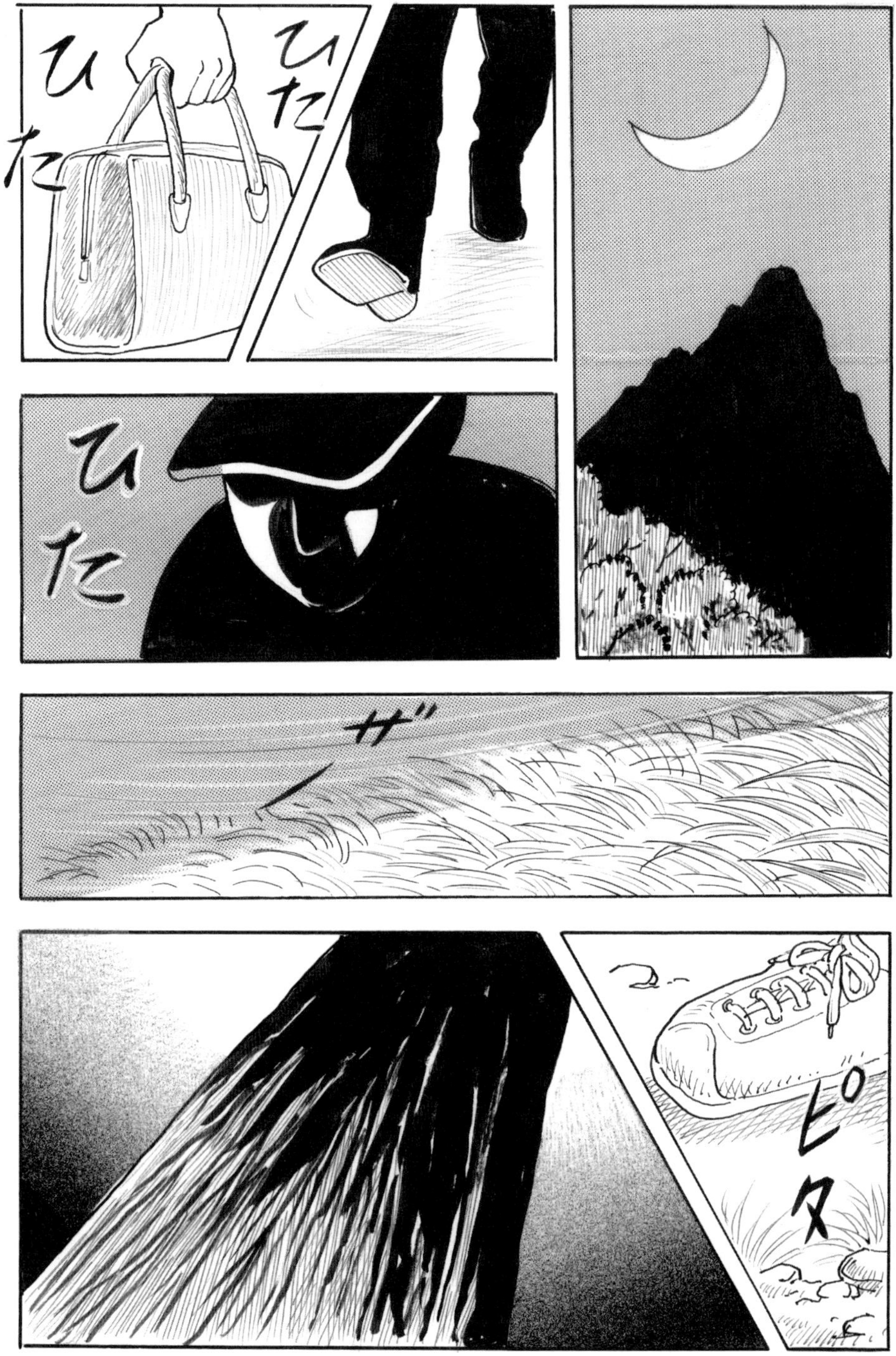
ひた
ひた
ひた
ザ
ピタ

グッ
……
バッ
カ
カー
死ねっ!!

カーン
死ねーっ
カーン
カーン

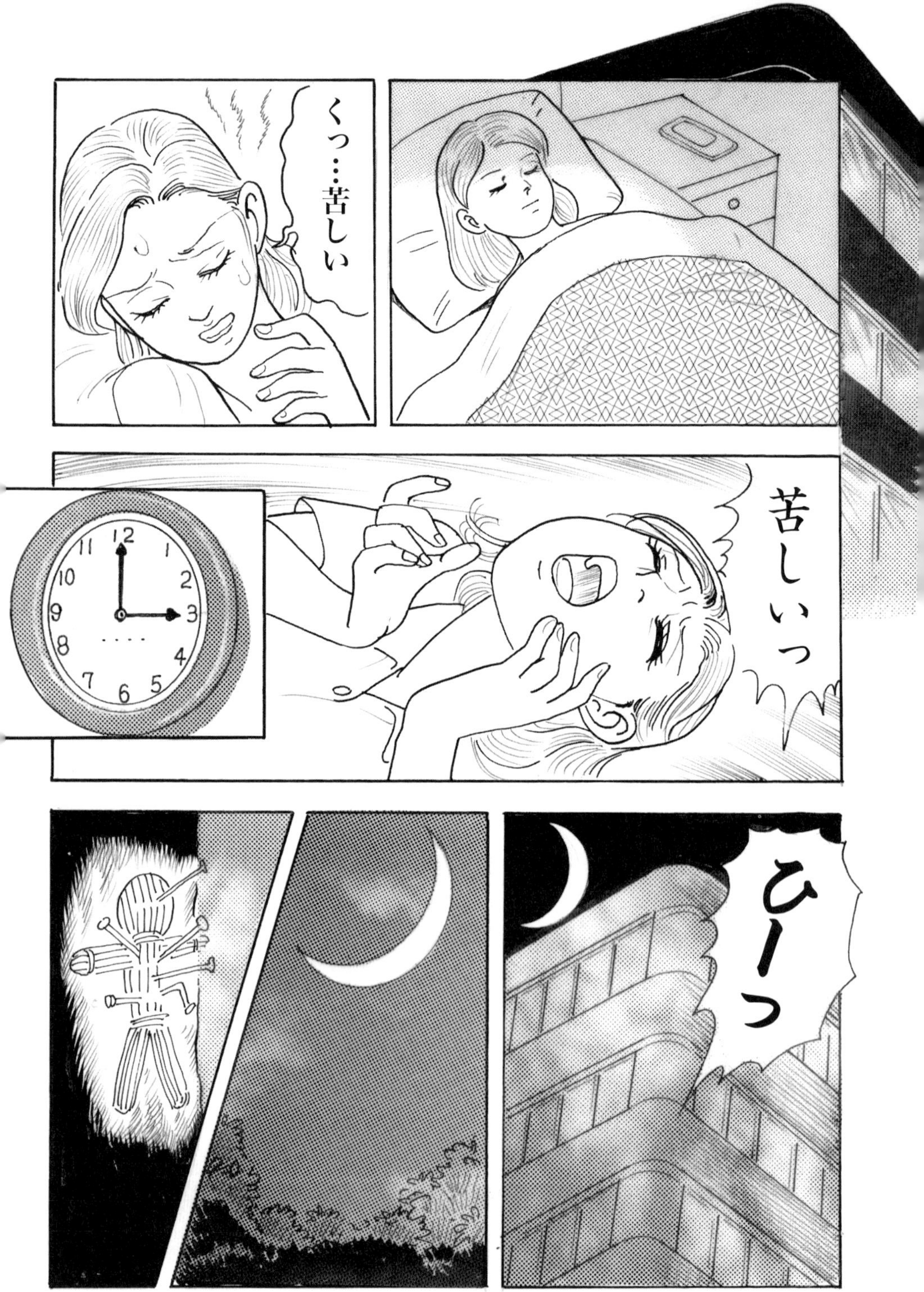
くっ…苦しい
苦しいっ
ひーっ

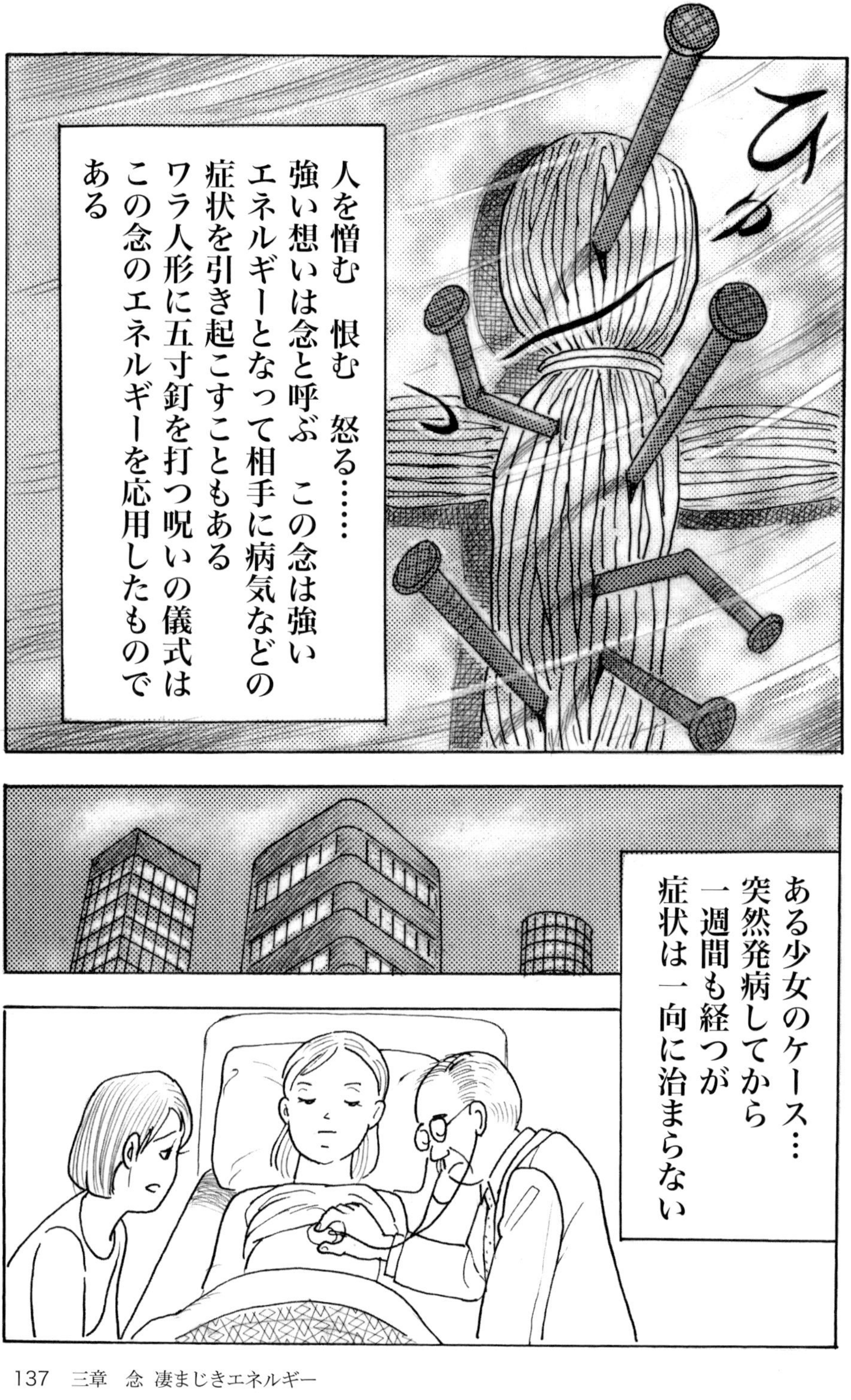
人を憎む　恨む　怒る……
強い想いは念と呼ぶ　この念は強い
エネルギーとなって相手に病気などの
症状を引き起こすこともある
ワラ人形に五寸釘を打つ呪いの儀式は
この念のエネルギーを応用したものである
ある少女のケース…
突然発病してから
一週間も経つが
症状は一向に治まらない

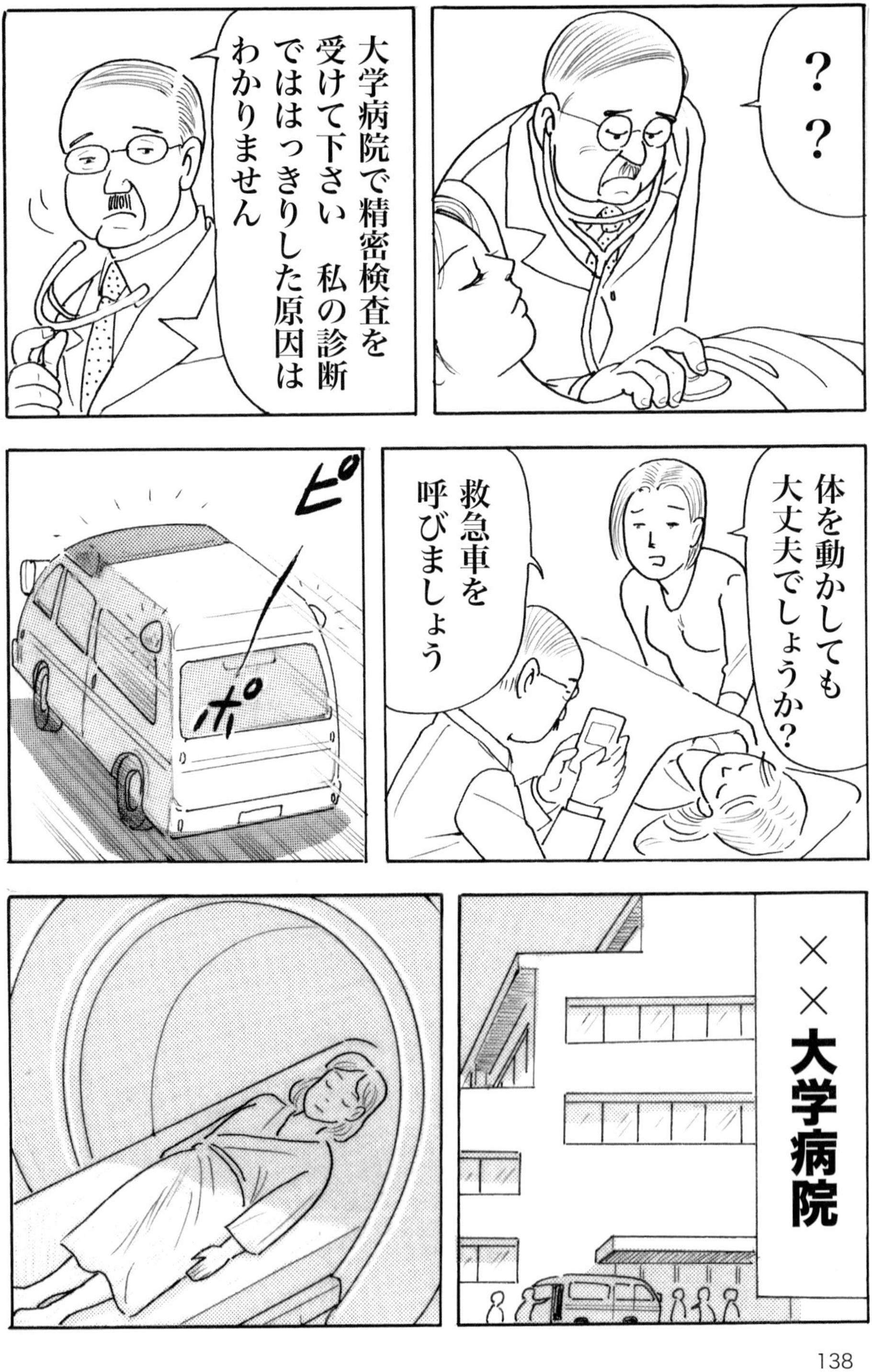
??
大学病院で精密検査を受けて下さい　私の診断でははっきりした原因はわかりません
体を動かしても大丈夫でしょうか?
救急車を呼びましょう
ピ
ポ
××大学病院

チクッ
痛くない？
ウン
ふーむ
……
一週間後
検査結果は異状なしです
正直 病因が分からないのです
熱も七度…微熱ですよ
はぁはぁ
はぁはぁ

疲労だけにしてはこんなに苦しむというのは変ですね…
二、三日安静にして体を休めて下さい　もし症状が治まらないようでしたら他の病院で再検査を受けて下さい
数日後
RRR
もしもし…
えっ？霊障？
霊障？
れいしょう
○×▲※…？？
わかりました…訪ねてみます
あなたのお友だちの×さんから電話をいただいたの…あなたの病気は悪い霊が憑依した霊障ではないかというのよ
悪い霊？やだ怖い…どうすればいいの？

五反田に力のある霊能者の先生がいるから相談に行くようにすすめられたわ
五反田なら近いわね
とにかく行ってみる?
ウン
明日　相談に乗っていただきたくお電話をいたしました
翌日
日本神霊学研究会

聖
昨日アポをとりました××でございます
ニコ
こちらへどうぞ

いらっしゃい
原因不明のご病気とか？
はい…
お嬢さん　顔をこちらに向けて下さい

ふう
カッ
むむっ

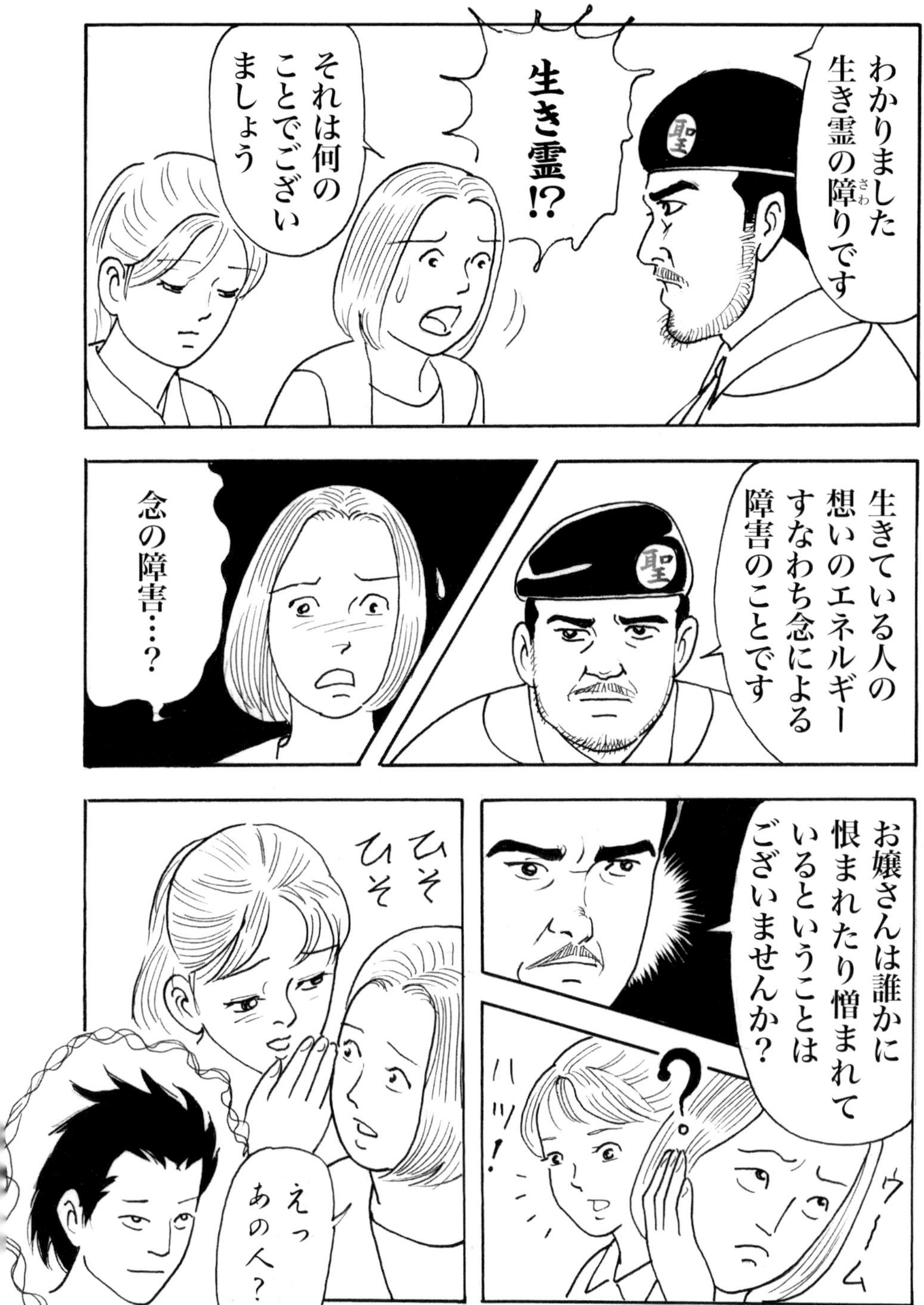
わかりました
生き霊の障《さわ》りです
生き霊!?
それは何のことでございましょう
生きている人の想いのエネルギーすなわち念による障害のことです
念の障害…?
お嬢さんは誰かに恨まれたり憎まれているということはございませんか?
ハッ!
?
ウーーム
ひそひそ
えっあの人?

娘に一方的に想いを寄せていた人がおりました
ストーカーのように付きまとわれて…
この間警察に行ってその人に警告してもらいました！
ねっねっ
「殺してやる」というメールが届きました…
殺してやるーっ
殺ーしてやるーっ

それは本当にお困りでしたね
念の障りによる病気…　治るでしょうか？
生き霊を浄霊して除霊しましょう

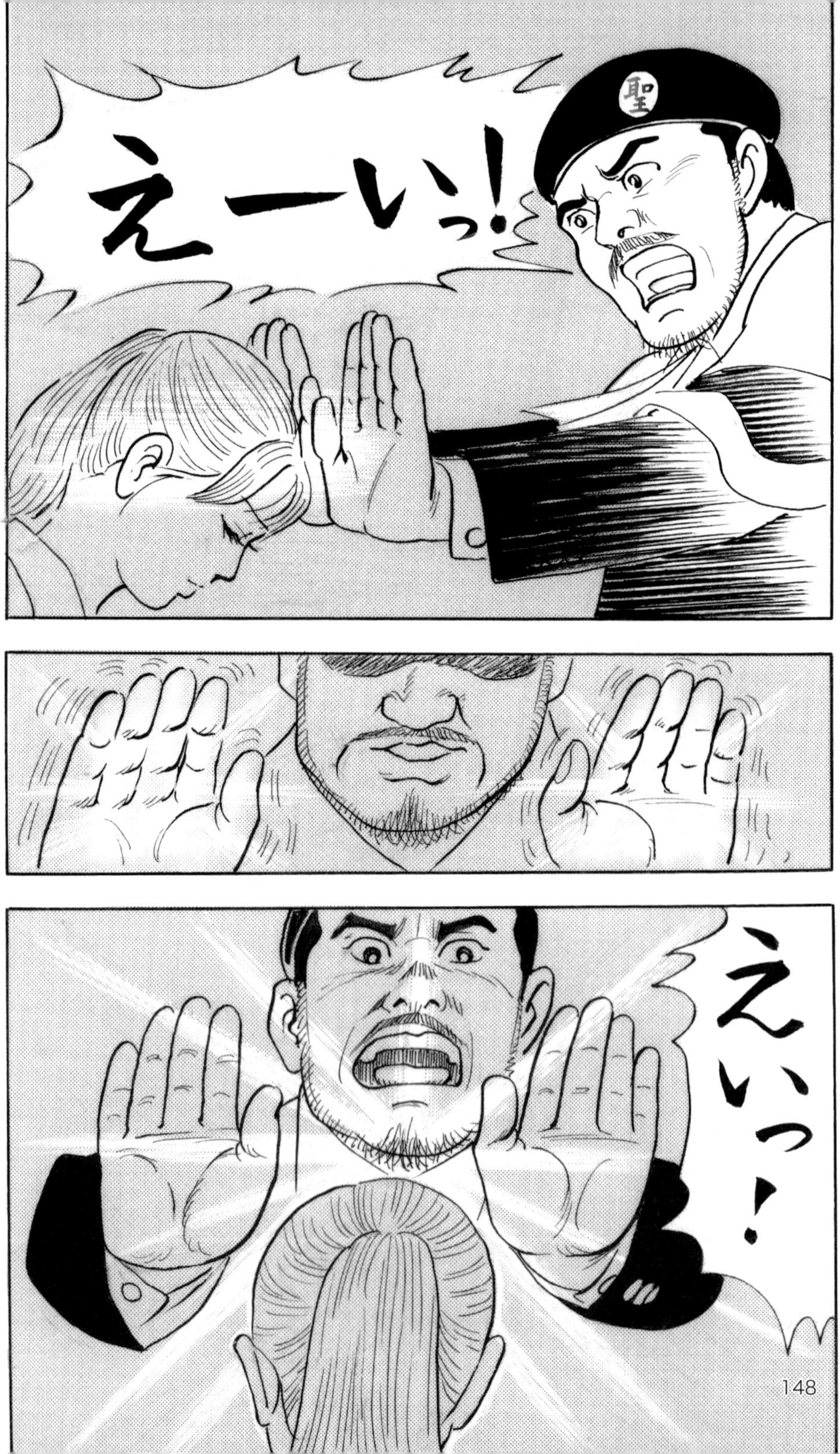
えーいっ!
聖
えいっ!

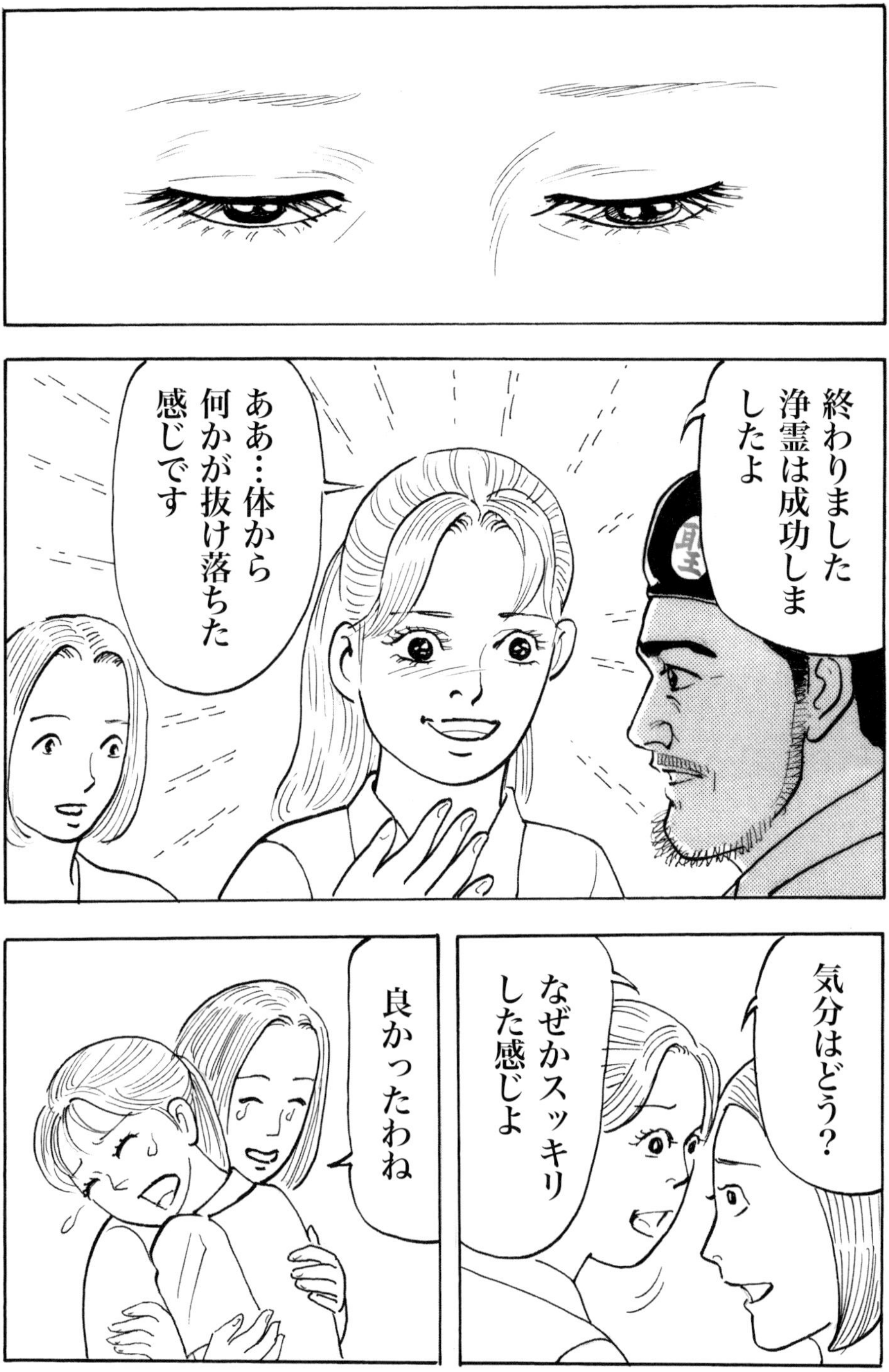
終わりました浄霊は成功しましたよ
ああ…体から何かが抜け落ちた感じです
気分はどう？
なぜかスッキリした感じよ
良かったわね

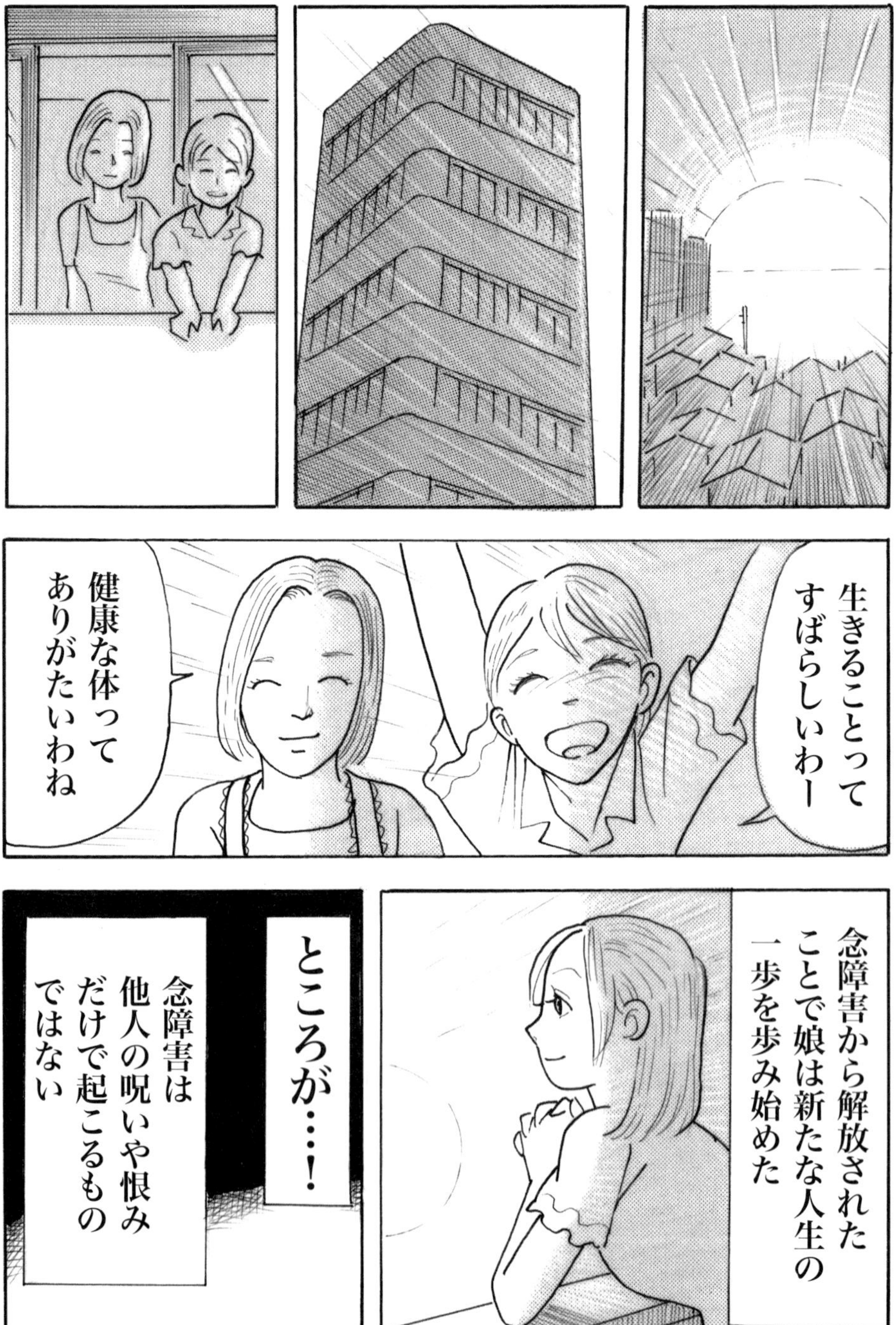
生きることって
すばらしいわー
健康な体って
ありがたいわね
念障害から解放された
ことで娘は新たな人生の
一歩を歩み始めた
ところが…!
念障害は
他人の呪いや恨み
だけで起こるもの
ではない

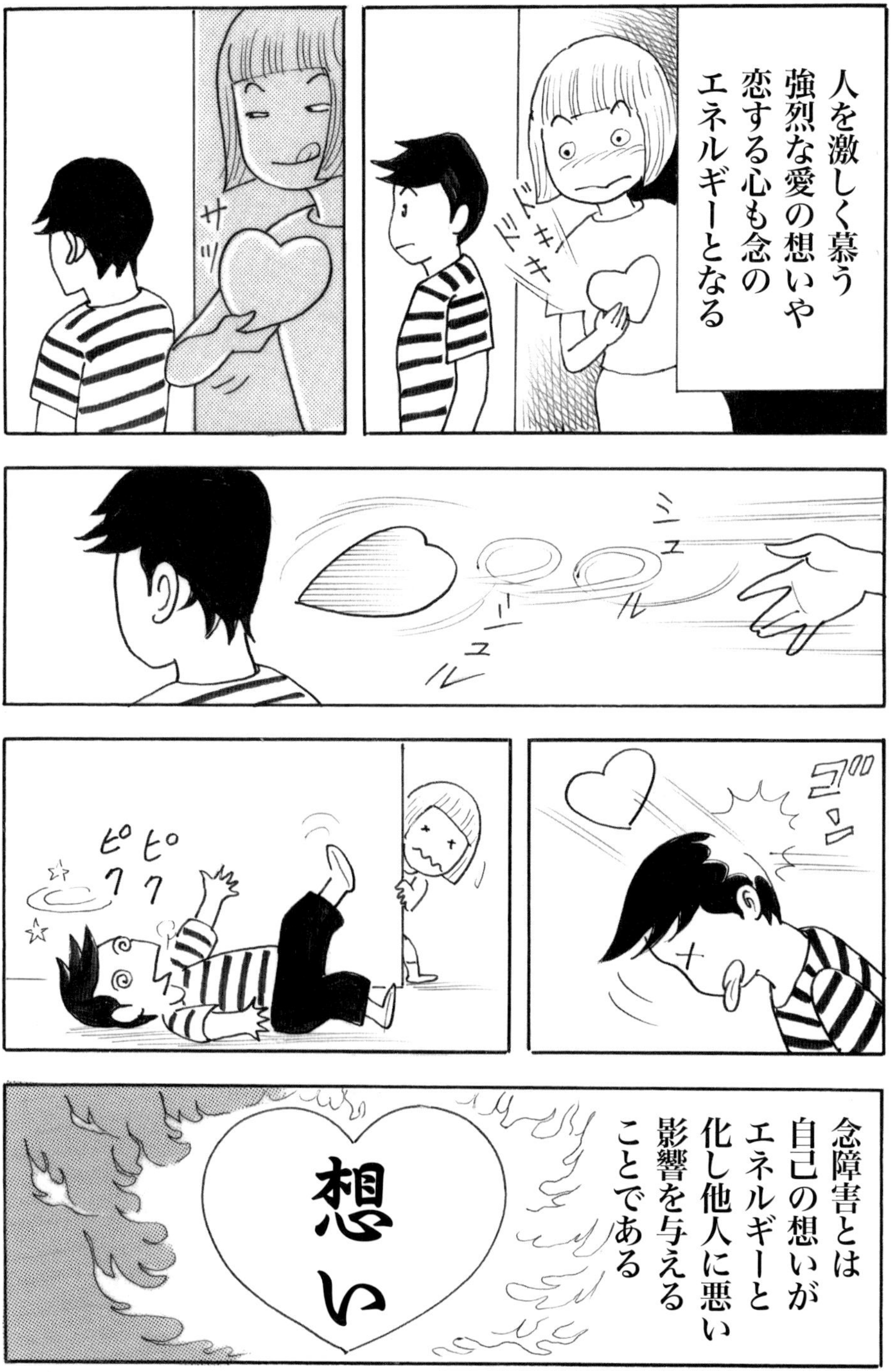
人を激しく慕う強烈な愛の想いや恋する心も念のエネルギーとなる
ドキドキ
サッ
シュ
ル
ゴンッ
ピク
ピク
念障害とは自己の想いがエネルギーと化し他人に悪い影響を与えることである
想い

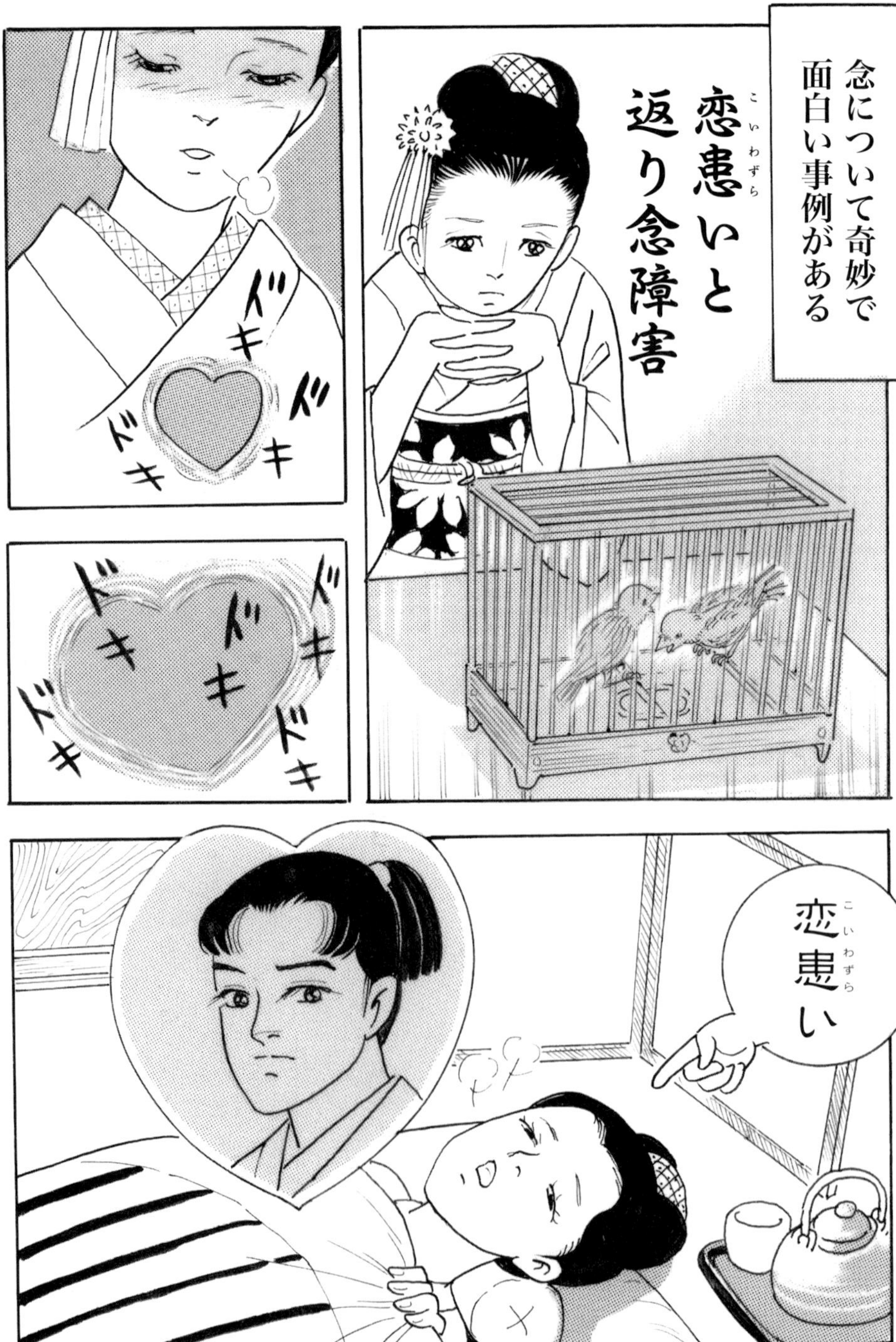
念について奇妙で面白い事例がある
恋患《こいわずら》いと返り念障害
ドキドキドキドキ
ドキドキドキドキドキドキ
恋患《こいわずら》い

これは××寺の和尚に病気退散の祈願をしてもらわねばなるまいて
そうですね和尚さんは神通力を持っているお方ですゆえ
エイホエイホ
病気平癒の祈願じゃと…？

どれどれ
むむむっ
怖いっ
病気ではない この娘の病は 恋患いじゃな
ペタペタ
こいわずらい!?
恋患いと申すのは 恋焦がれて病《やまい》になると 世間では想うておるが いささか違う
違うのですか
違う違う
ならば恋患いとは如何なる病ですか?

我が想いが相手に飛んでいき
相手に跳ね返されて戻ってきて
自分の想いの強さによって
障りを受けることじゃ

娘は跳ね返された
自分の想いで病気に
なったということ
ですか？
シクシク
いかにも

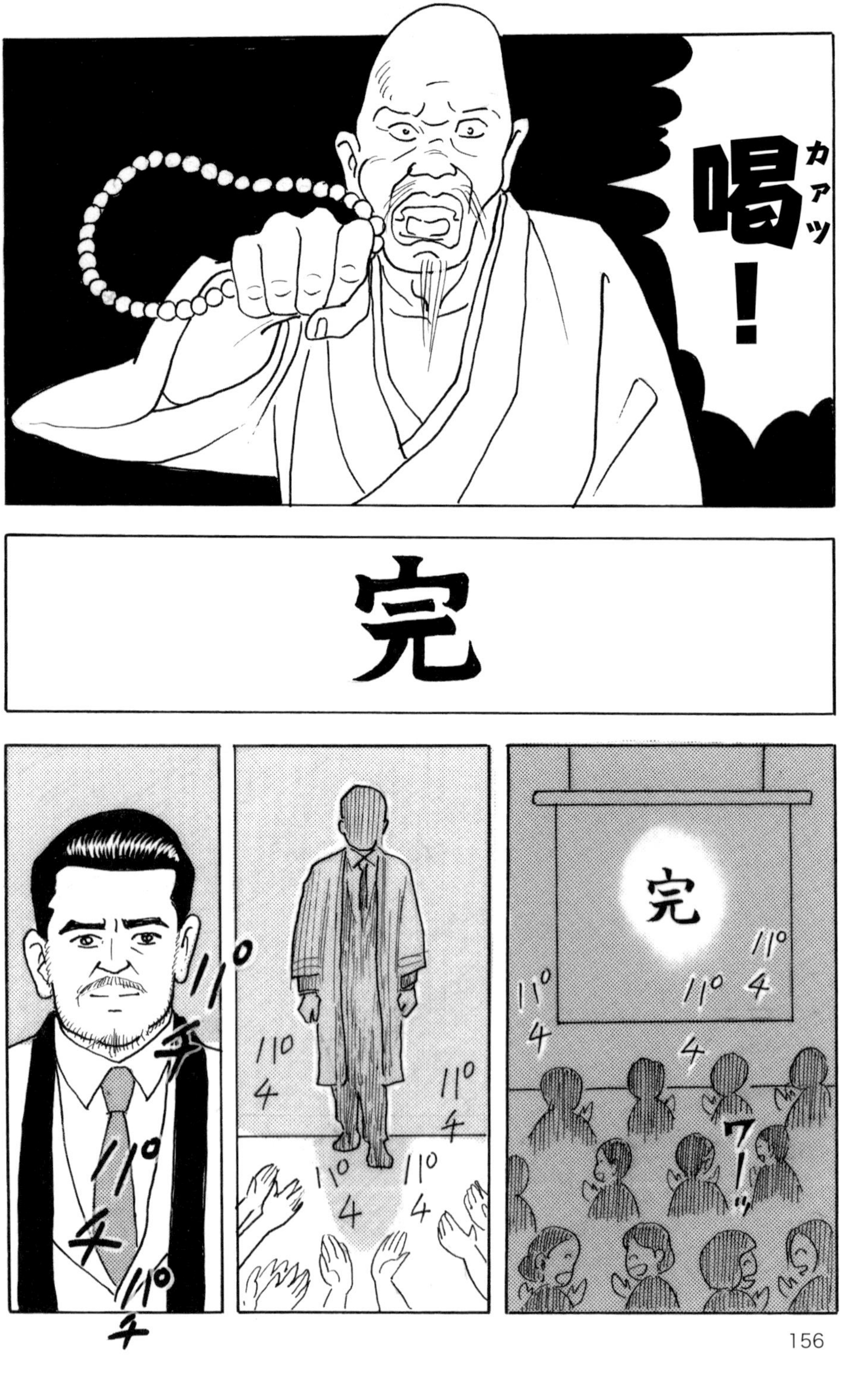

喝《カァッ》！
完
完
パチ
パチ
パチ
ワーッ
パチ
パチ
パチ
パチ
パチ
パチ
パチ

返り念障害
サラ サラ
返り念障害
相手の念を跳ね返すことを念返しとも言います
私たちは生き霊に負けない強い霊格を持たなければなりません
ウン
ウン
霊格を高める修行…その一つが
自己浄霊
です

# ―四章―

# 怖〜い霊媒体質

霊界
ヤァ
現界
巫女
なるほどなるほど…納得
霊界
霊媒とは…現界と霊界の仲介者である
霊媒
霊界ポスト
現界
ふむふむ

恐山《おそれざん》
ウーム
エイッ
エイッ
十年前に死んだ娘が霊界でどんな暮らしをしているか知りたいのですが…
わかりました霊を呼び出して聞いてみましょう
むにゃむにゃしかじかむひょひょ

スーウ
ガク
お母さん
ギョ
私はあれから霊界で楽しく修行の日々を送っています　お母さん　安心してください
あの世で幸せに暮らしているのかい？
弟の太郎　妹の花子も成人式は終わったわね　庭の隅の梅の木は今年も花をつけたのでしょうね
ああ…梅の花は今年も咲いたよ

太郎は今年の秋に嫁をもらい　花子は来春には大学を卒業するよ…
お母さんも体を大事にね
お前もこそ体を大切にするんだよ
私は霊界人よ…体なんてないの
そうだったね…
安心したよ
ホッ

このように霊界にいる霊魂の意思を人間に伝える人を《霊媒》と呼ぶ
イタコのように死者の言葉を取り次ぐ人を霊言霊媒と呼ぶ
霊媒は霊を我が身に乗り移らせて霊の意思を伝えるのが一般的な形である
あなた〜
実際に霊媒体質の人がこの世に存在する

ヌウ
スーウ
ピタッ

ああ悲しい…
なぜこんなに
悲しいのかしら
ぶつ
ぶつ
ぶつくさ
ぶつくさ
ヘンな女…
茶異夢
ミカ!
ここよ!
今日　歩いていて
急に悲しくなったの
変な人
どうしたのよ?

理由なんか
わからないわ…突然
悲しくなったの
昔からミカは変なところがあったわ
突然笑い出したり
怒り出したり…
そうだったわね
自分でも何がなんだかわからないのよ
ひひ〜
グス…
何だかまた悲しくなってきたわ…
うぅぅ
ごめんなさい
もう…
変な子ねえ

ふわ〜
スー
!
ピタ〜
ゾクッ
ううっう〜
どうしたの? 急に!
ニタ〜
ごめんなさい 急に お腹が痛くなって
絶対 変よ

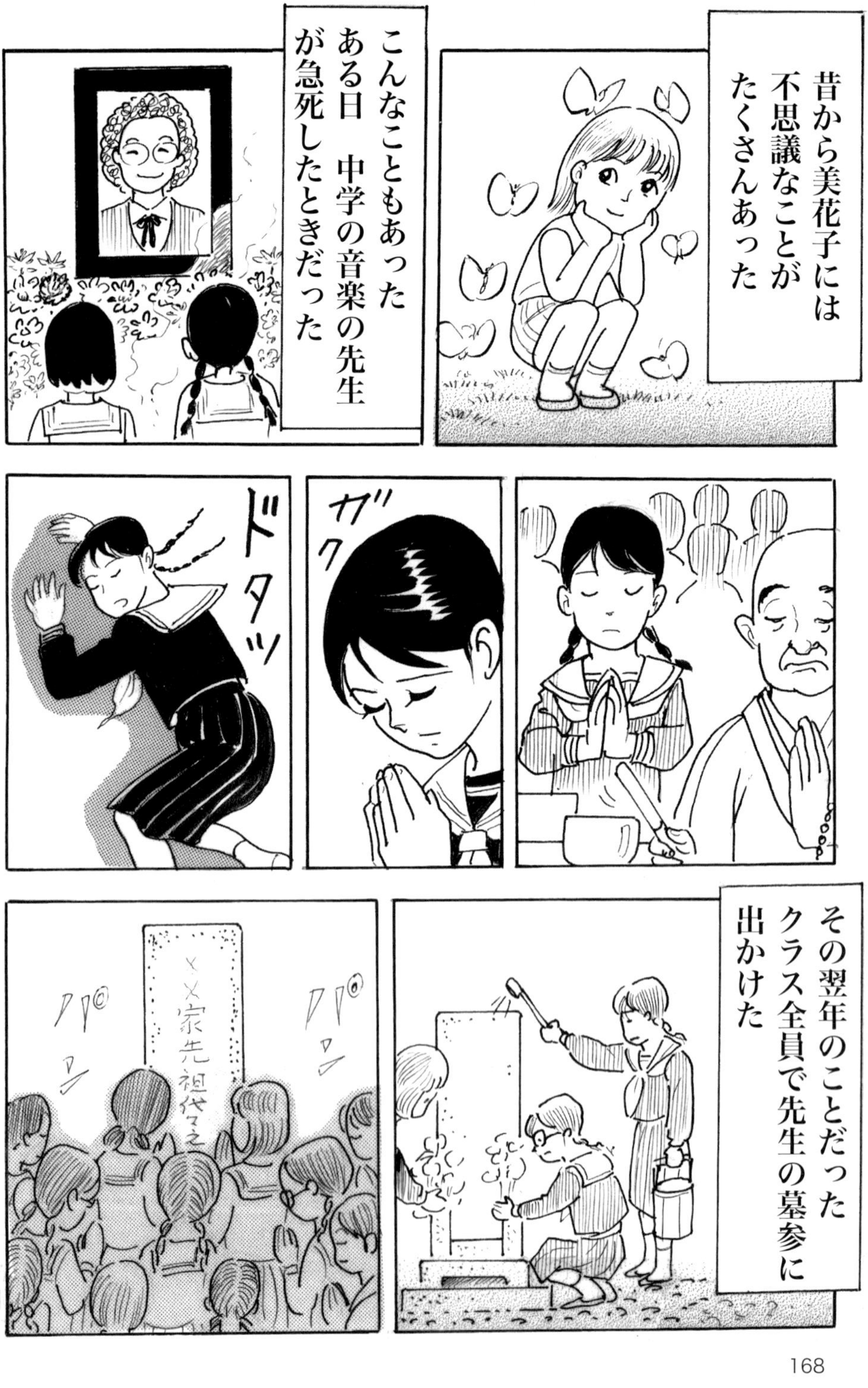
昔から美花子には
不思議なことが
たくさんあった
こんなこともあった
ある日　中学の音楽の先生
が急死したときだった
ガク
ドタッ
その翌年のことだった
クラス全員で先生の墓参に
出かけた

ミカ！
どうしたの？
あら　××先生の
声にそっくりよ
まるで××先生が
乗り移ったみたい

またあるときは
コンコン
コンコン
あらー　ミカ！
お見舞いに来てくれたの？　うれしいわ
ずいぶん長い間
休んでいたよね
心配したのよ
ペチャクチャ
ペチャクチャ
何だか私　気分が悪くなってきたわ…
私は久しぶりにミカと話したら元気が出てきたわ
せっかくお見舞いに来たんだけど…帰るね…

ごめん
?
フラ〜
ごめんなさい…
さようなら
ひひひ〜
ピタ!
このように人の憑依霊を自分が引き受けて病気になってしまうのも霊媒体質者の特質である
イエ〜イ
ゾクゾク
病気が良くなったわ
ミカのお見舞いで
元気をもらったわ!
霊媒体質の人は　他人の病気を引き受けて苦しむことになり　逆に病気を引き受けてもらった人は　病から脱出することができる

大丈夫？ミカちゃん
霊媒体質には「高級霊媒体質」と「低級霊媒体質」の二つがある
Ｚ Ｚ Ｚ
高級霊媒体質者とは『神霊能力者』のことである

霊媒体質ゆえに
招霊をしたり
神霊治療が
できるのである
これに対して
低級霊媒体質者は
時と場所を選ばず
低級霊に取り憑か
れる

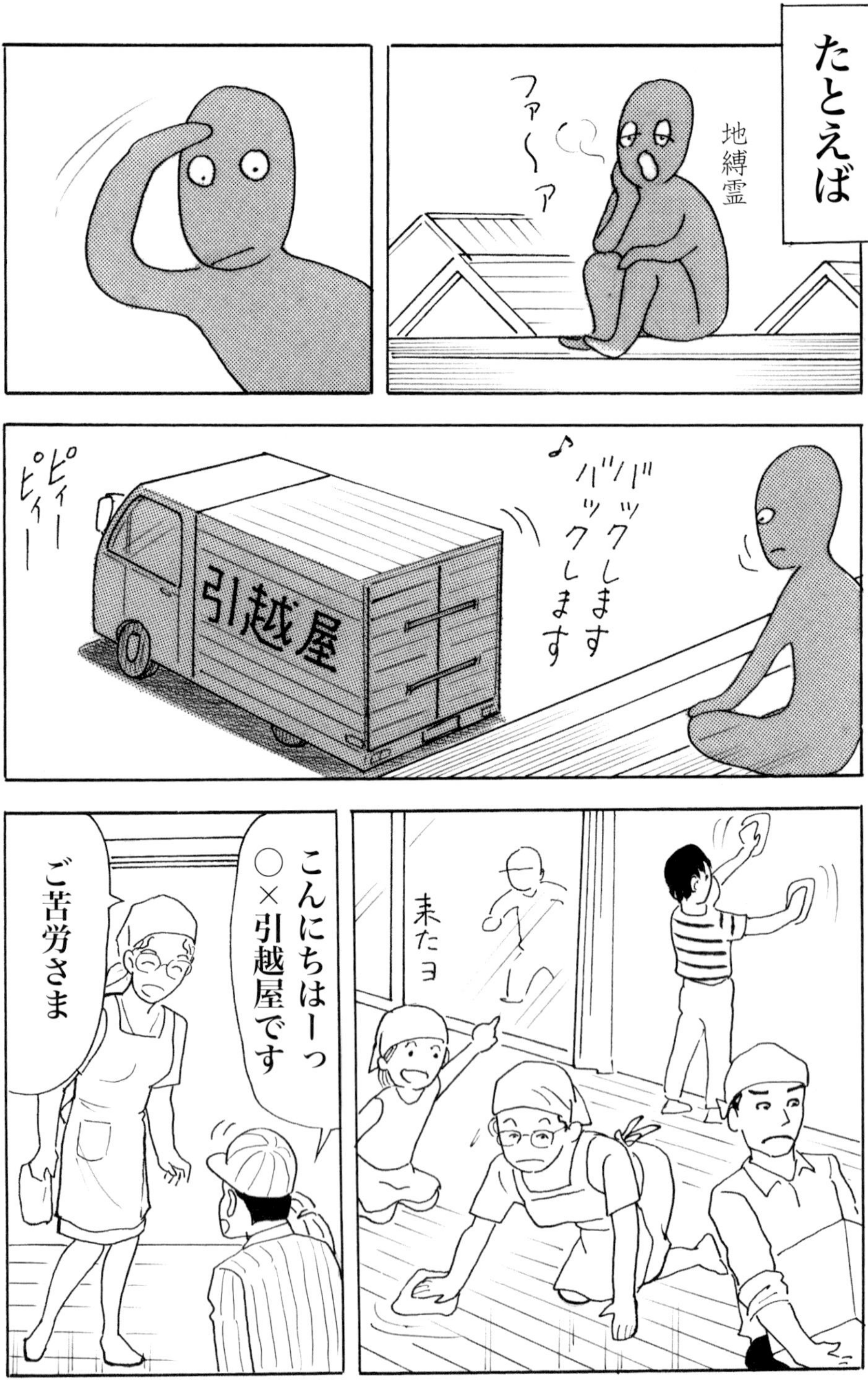
たとえば
地縛霊
ファ〜ア
バックします
バックします
ピィーピィー
引越屋
来たヨ
こんにちはーっ
○×引越屋です
ご苦労さま

スゥ
ヒュ〜ウ
ヒュ〜〜ウ
ワレモノ注意
スウ〜
ゾクッ
寒気がするから少し横になるよ…
お引っ越しで疲れたのかもね
ひひひ〜

うーん
う~ん
ひひひ~っ
ニタ
ニタ~~

ピタッ
翌日
ストア
もっと買えよ〜

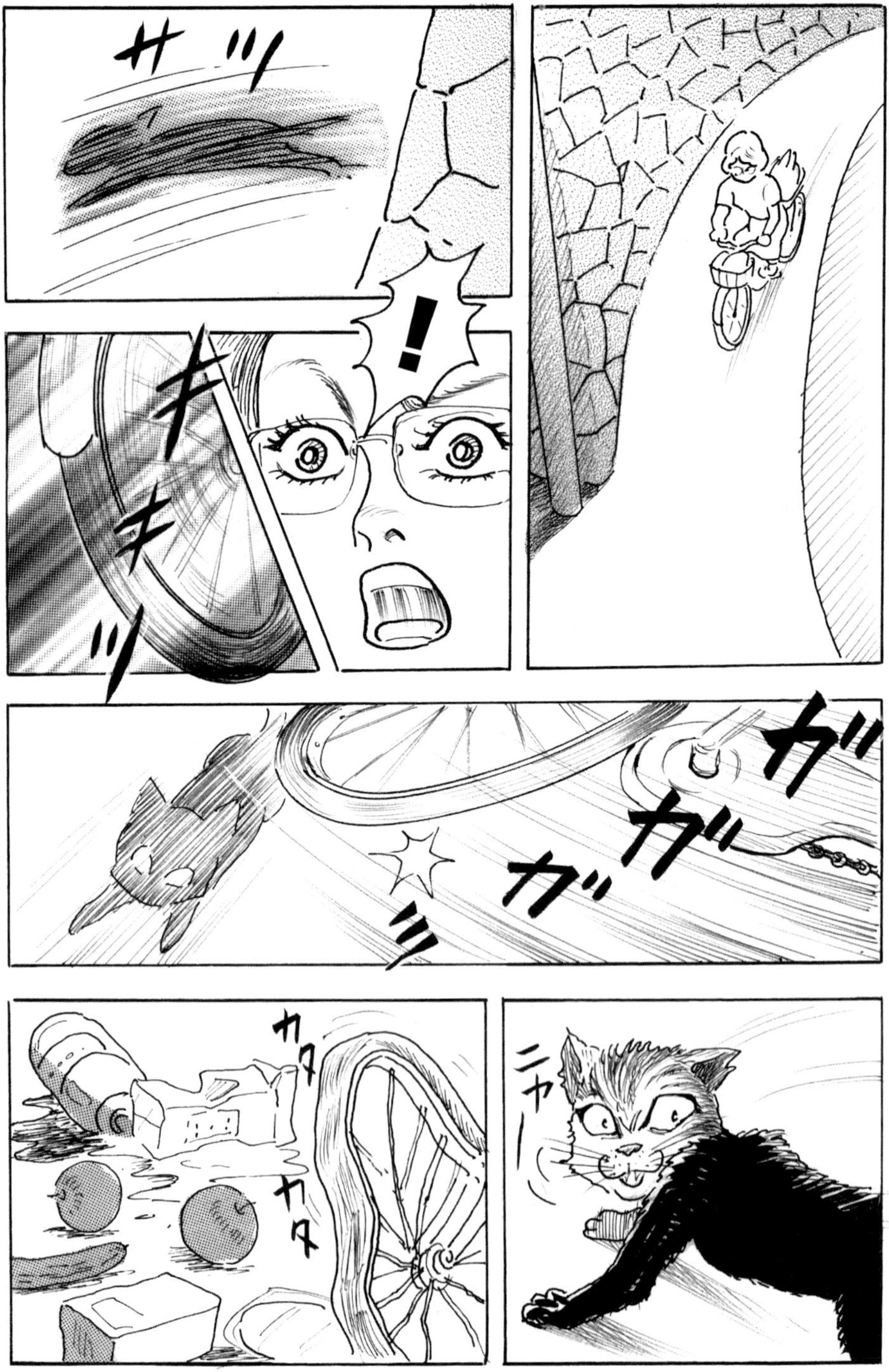
サッ
!
キキーッ
ガガガ
ニャー
カタカタ

暗闇坂注意
うぅ〜ん
ある日
ララ
ラララ〜
ピョコ
ラララ〜

が丘駅
あっ
定期を忘れた！
どうしよう…
お財布も
忘れたわ
一時限目に
間に合わない！
ダダダッ
わっ
ツルッ

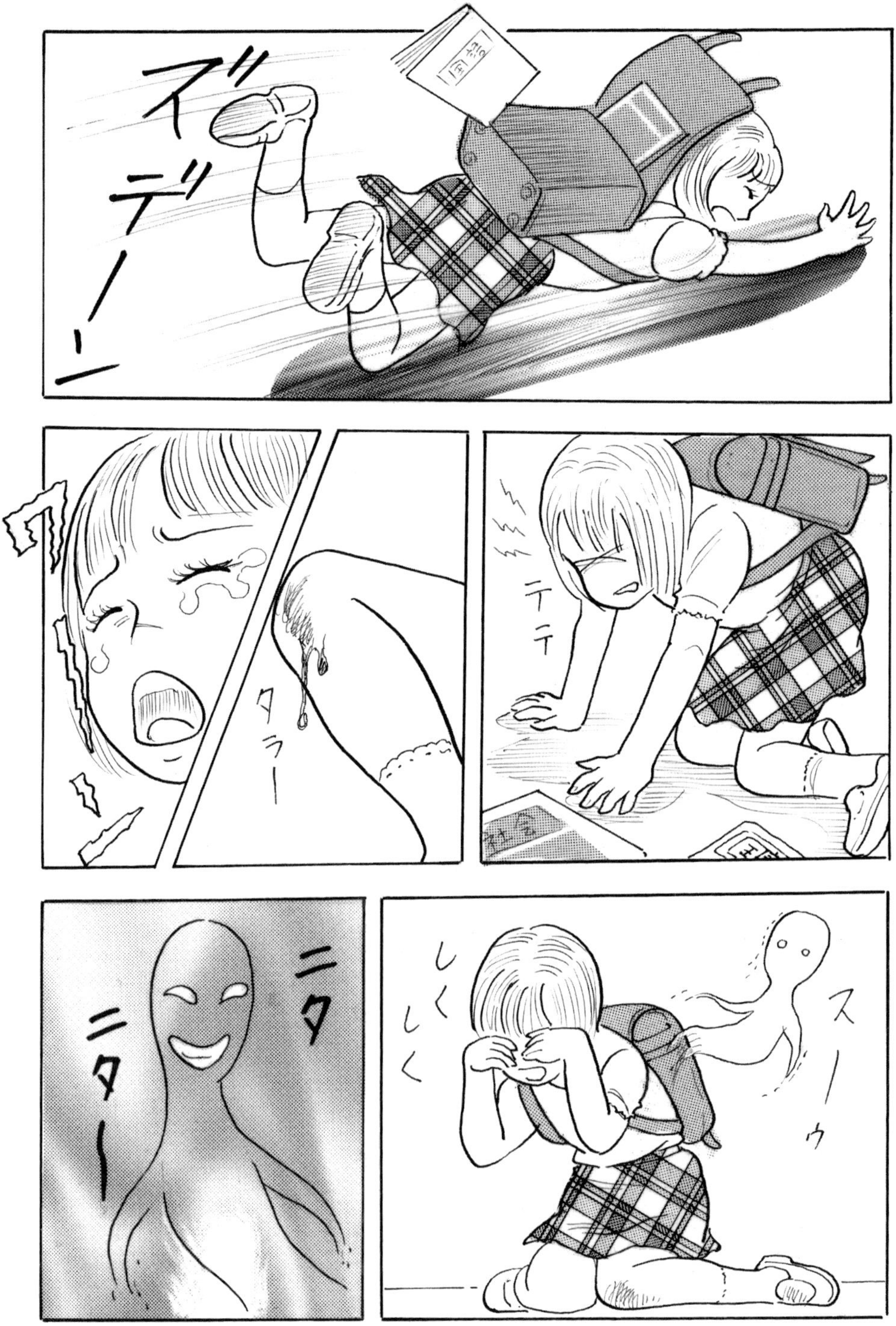
ズデーン
国語
タラー
テテ
社会
ニタニター
しくしく
スーウ

ある日の父親
会社に行ってくるよー
行ってらっしゃい
×男はまだ回復していないのか？もう十日も学校を休んでいるんだろ？

そうなのよ○子も昨日から学校を休んでいるの四、五日前に駅で転んで怪我した傷が痛むんだそうよ…
恐いマンガ
お前まで杖をついているようじゃ困るな家族全部が病人怪我人じゃ仕方がない…
ごめんなさい
お前が謝っても仕方がないよ
じゃ行ってくる
あなたも気をつけてね

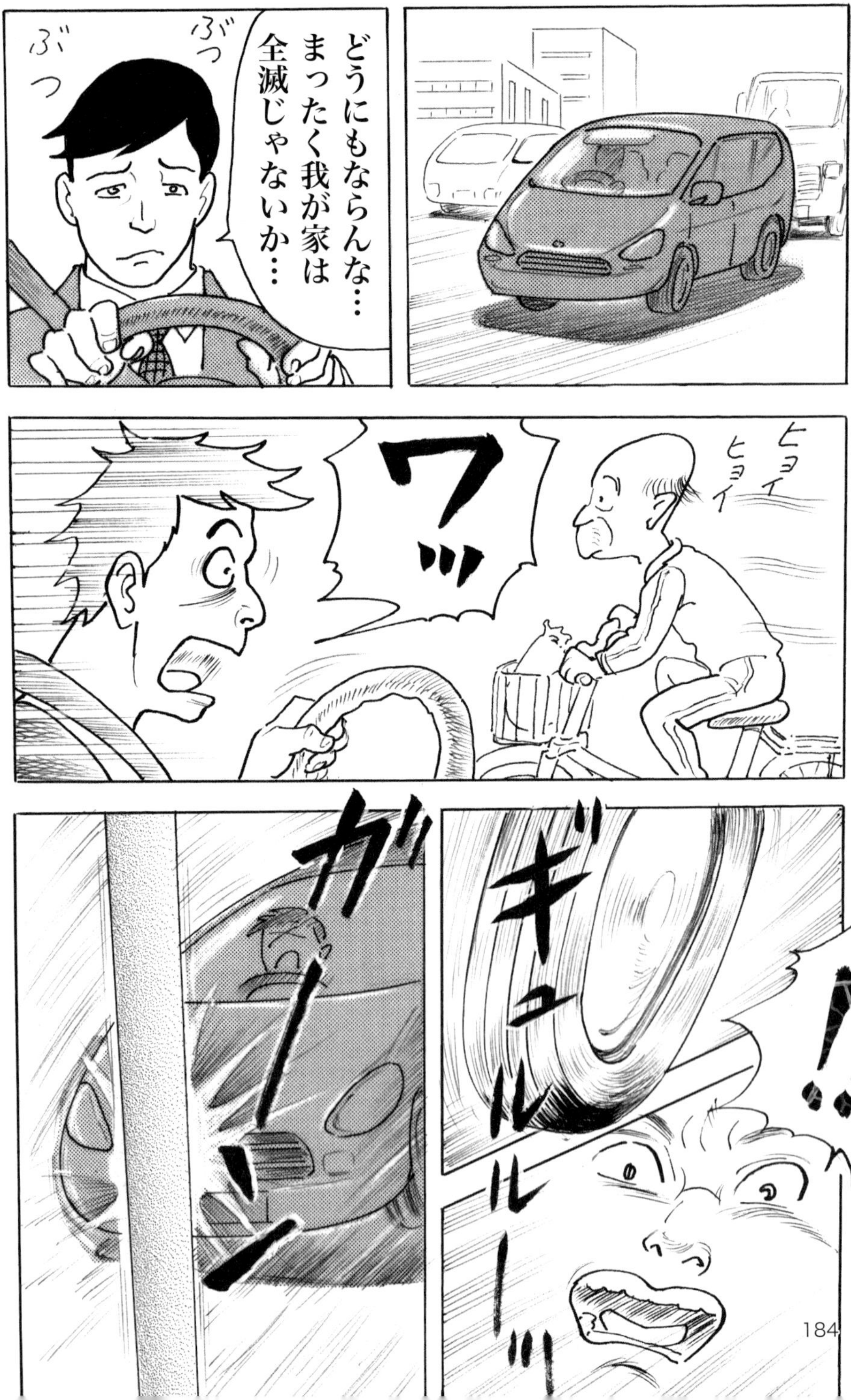
どうにもならんな…
まったく我が家は
全滅じゃないか…
ぶつ
ぶつ
ワッ
ヒョイ
ヒョイ
ギュルルーッ
!!
ガーン

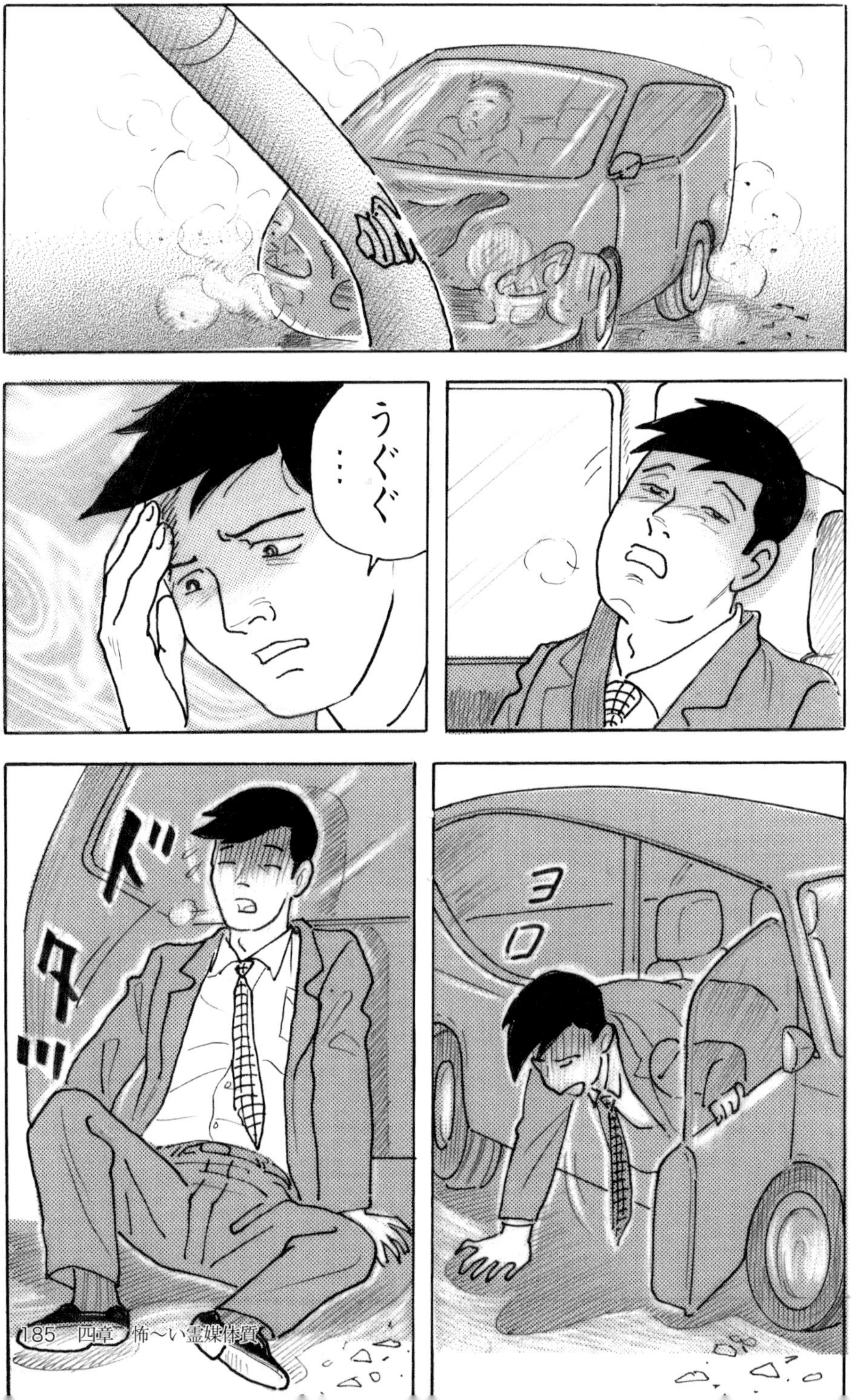
うぐぐ…
ドタッ
ヨロ

ピーポ
ピーポーポ
ひひ～ひ
それから
数ヶ月後…

みんなも薄々感じていると思うが　この家に引っ越して来てから良くない事ばかり続く…
お前たちはどう思う？
僕もそう思っていたんだ　こんなに立て続けに怪我人が出るのはおかしいよ
僕の病気だっておかしいよ
引っ越しの日からずっと体調がすぐれないんだ　どこの病院に行っても原因不明の診断ばかり…
そんなのおかしいよ
そうよね　本で読んだけどこの家に悪い霊でも居着いているのかしら？
ブルブル
怖いこと言わないで…悪い霊だなんて…

そういう悪い霊は
地縛霊って言うんだ
じじばくれい!
怖いっ!
いやっ
もうやめて…
ふう…

これは偉い神主さんにお祓いしてもらわなくてはいけないな…
五反田に力のある霊能者がいるんだ
霊能者か なるほど…
あなた その方にお願いしましょうよ
……

かくして霊能者が
屋敷の回りを浄霊
聖

グッ
聖

うお〜っ
神霊伏拝
一命心体
おお〜っ
喝《かっ》!

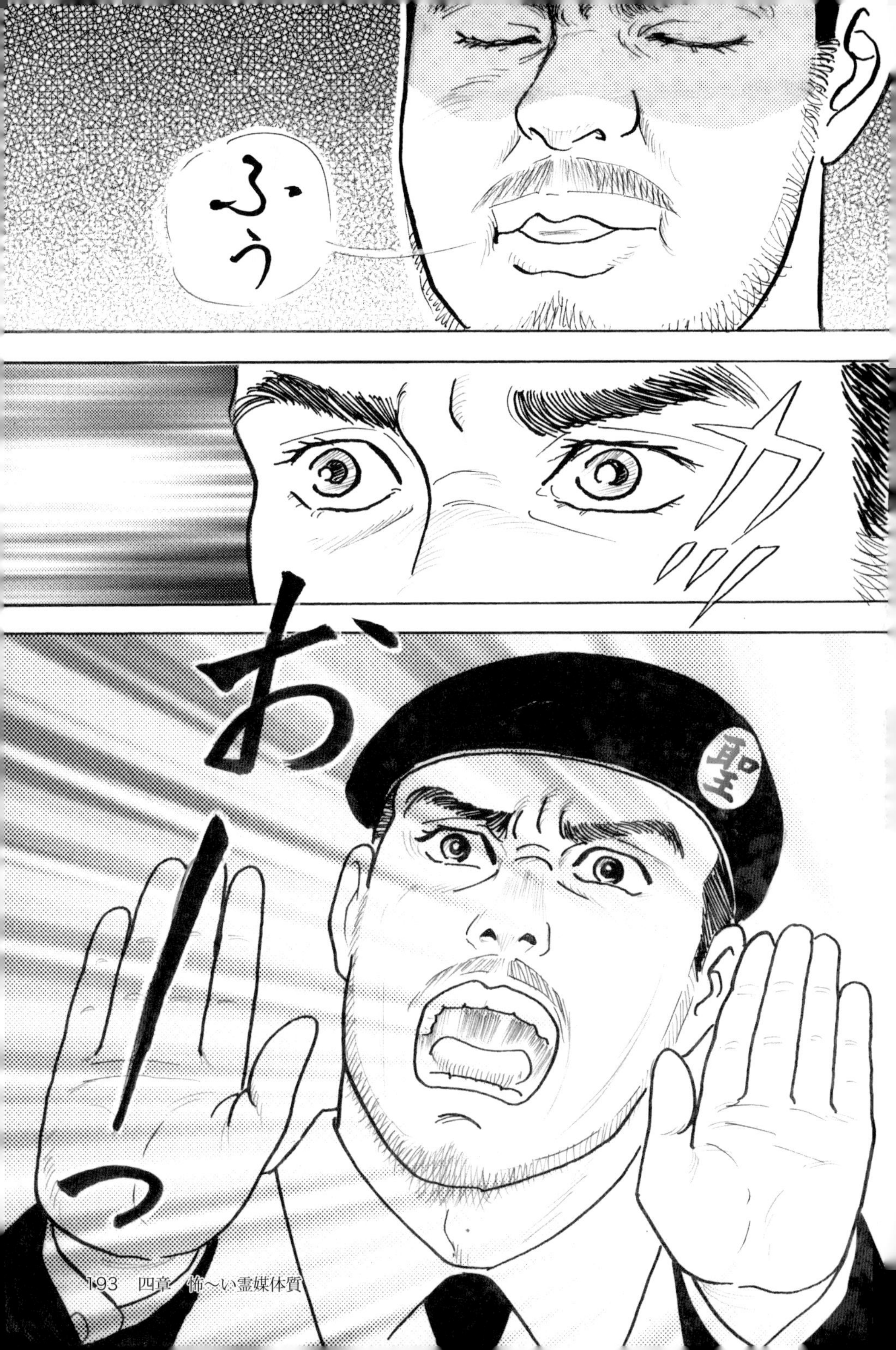
ふう
カッ
おー!っ
聖

ぎぞーーっ
ぐうおおおぉ

スーッ
うあ

ホッ

浄霊により　地縛霊は
除霊され　家庭には再び
明るい日常が戻ってきた
ハハハ
ホホ
パクパク

この家族は
全員が霊媒体質の持ち主で
あったため 地縛霊がすべての
家族に取り憑いて不幸を
もたらしたのである

霊媒体質の
高級・低級は
紙一重

高級霊媒体質の人は
神霊能力者としての
道を歩むことができる

低級霊媒体質の人は
霊の憑依に苦しむこと
になる

終章
ポンポン
ホレ
ホレ
ピ〜
霊界
ブツ
ブツ
ウィ

あの世と現界は
大霊界の法則で
結ばれている
低級界
現界
ウフフ
愛してる
コノヤロー
バカッ
ウフフ
ネェ
助けてー
フフフ
フフッ

大霊界は大いなる法則である
大霊界はあの世とこの世を一にした
広大な神の世界である
人も霊も法則にしたがって
動かされている

# マンガでわかる大霊界

――解説――

隈本正二郎

永遠のベストセラー『大霊界』

## 原作は初代会長 隈本確教祖のベストセラー

「大霊界」というのは、ある意味で見えない世界のことであります。霊界は、厳然として存在する世界ですが、我々が視覚的、映像的にとらえることのできない世界です。霊の世界は、本来は理論の世界というより実感と心の世界です。そういう意味では、実際には、霊の世界は書籍として著述することも難しいのです。しかし、神霊世界も、一つの思想、真理として、言葉や理論として説明することは可能です。この事実を一つの救いとして漫画で表現しようと思い立ったしだいです。すなわち、言葉の実像化、思想のイメージの漫画化ということです。

「日本神霊学研究会」初代会長隈本確教祖は、説明困難な霊界の真理を生涯にわたって二十冊という著書で解明いたしました。中でもその原点というべき第一冊めの「大霊界・守護神と奇跡の神霊治療」は二百万部に迫る大ベストセラーとして多くの人に愛読

初代会長隈本確教祖とその全著作

されました。まさに神霊書の永遠の古典書といっても過言ではありません。

本書の「マンガでわかる大霊界」は、原作は初代会長隈本確教祖の「大霊界1」を下敷きとして、脚色いたしました。

ただし、初代の第一作めの著作は、約四十数年前に刊行されたもので、現代感覚からいえば、著書はすでに古典書であります。また、細部にわたっては、初代教祖の以後の本で訂正された思想もあります。研究は日進月歩ですから、思想が変化していくのは当然のことです。また、霊界の進化によって、そのつど改められた箇所もあります。しかし、漫画においては面白いと思われる理論などは、あえて現代感覚で脚色せずに、原典に忠実にドラマ化いたしました。

本来、映像化できない世界の漫画化ですから、奇異に思われるところもありますが、それが逆に漫画として、より面白くなったというところもあります。

多くの人が抱く霊界への関心や疑問を章に分類して構成いたしました。読者諸兄姉お読みいただいた通りです。

序章　見えない霊の世界は確かに存在する。
一章　神霊治療の原理と実際
二章　死後の世界
三章　念　凄まじきエネルギー
四章　怖～い霊媒体質
終章　あの世と現界は大霊界の法則で結ばれている

以上の分類の中で、隈本確の訴えようとした霊界の真理を、ある程度戯画化できたのではないかと納得しています。漫画ですから、実際の霊理論をオーバーにカリカチュアしていますが、そこが何となく可笑しみがあって面白いのです。

漫画化された大霊界なら、活字離れの若い読者にもご理解いただけるのではないかと大いに期待しています。

## この世の不思議と霊界の法則

私たちが暮らしているこの世には色々な分からないことや、理屈に合わない不条理がたくさんあります。

なぜ、自分だけが体が弱いのだろう？
なぜ、自分だけが難病にかかったのだろう？
なぜ、自分は生まれつき運が悪いのだろう？
なぜ、自分だけが異性にモテないのだろう？　ｅｔｃ

「なぜ？」という、首をかしげる現象がこの世にはたくさんあります。

確かに、不摂生な生活を重ねたために病気になったり、後先考えない無謀な暮らしを続けていて、運が悪くなったりします。これは、原因がはっきりしていますから「なぜ？」に対しての理由ははっきりしているわけです。

不潔な体、礼儀もわきまえない態度、下品な言動の持ち主が異性にモテないのは当然のことで、いまさら「なぜ」と問うまでもありません。そんな人がモテないのは何の不思議もありません。

ところが、何一つ非の打ちどころのない人なのに、異性にモテず、何度も、見合い、合コンにチャレンジしても相手に恵まれない人もいます。

そのような人をつぶさに分析してみますと、どことなく近づき

にくい、確たる理由はないが嫌悪感を感じる、異性としての魅力を感じないなどの原因から、縁遠くなっています。なぜだろう？と、いくら考えても理由がはっきりしません。それは当然のことです。人と相容れない原因が、低級霊の憑依や背後霊のせいだとしたら、現界の常識や人間の判断は通用しないのです。

病気にしてもそうです。摂生の毎日を送り、食生活に気を配っているのに病気になる人もいれば、暴飲暴食、寝不足の毎日を過ごしていても、元気な人もいます。もっとも、悪い生活習慣をくり返していれば、霊の憑依に無関係に病気になるのは時間の問題です。

ここで私が言おうとしているのは、理由がなく人間が不幸不運に見舞われるこの世の不条理についてです。不幸不運を背負っている人の中には必然的にそのような宿命を持っている例もあります。すなわち俗にいう星回り、因縁、運命ということです。しかし、これも大きな視点からみれば、運命もまた、ある意味で大霊界の法則ともいえます。

私たちの人生は大霊界の法則に組み込まれているのです。漫画ではそのことをわかりやすく説明しています。

# 死後の世界

大霊界は人間の死と密接な関係を持っています。極論すれば、死者の霊魂によって構築された世界が大霊界です。

大霊界を語るためには、死後の世界について避けて通るわけにはいきません。ところが、これはなかなか厄介なことです。もともと、目に見えない世界を語るのは厄介であることは当然の理屈です。ただ、死後の世界とは異なる霊問題の場合は、結果を見せて納得してもらうということもできます。例えば、憑依霊の存在については、霊を浄霊して、天界に送り届けることで、当事者の病気が治ったり、運気が向上して人生が明るく一変することで、その存在を証明することができます。また、招霊したり、降霊したりして霊の意思を訊いたりすることができます。また、霊の幽姿《ゆうし》現象（幽霊）が現れたり、幽姿《ゆうし》が写真に写ったりする心霊写真などの現象によっても、ある程度霊の実在を証明することができます。その他にも、研究者が集まって霊とコンタクトを取る交

霊会が行われたり、心霊実験で幽霊の物質化を行ったりします。これも、霊実在の一つの根拠と考えることができます。

これに対し、死後の世界、霊界実在の証明は、科学的、物理的に行うことはできません。

何しろ、あの世に出かけた人がいないのですから当然のことです。霊魂の存在をある程度証明する現象を現出することはできても、霊界（あの世）の光景や霊界人はいかに過ごしているかということを紹介することは不可能です。何しろ、あの世に出かけて探査したわけではないので、確かな説明ができないのです。

火星や土星にはロケットを着陸させてある程度の手がかりを知ることができます。あの世の世界を説明することは、人類未到の星屑の解説よりも難しいのです。

まれにあの世に出かけたという人の話を聞きますが、それは、死の入り口（臨死）まで行ったということであって、完全にあの世に足を踏み入れて帰ってきたという人は世界広しといえどいまだかつてありません。医学的、生理学的にいって、脳死をして蘇生することはありえないからです。それでも臨死体験者の証言は貴重なものです。臨死体験者の共通して語るのは、花が咲き乱れていたり、川が流れたりしている霊界の風景です。臨死、すなわ

ち死の入り口の風景はあの世のヒントとして、多少の参考にはなるわけです。

また、私たち霊能者が死者から受ける霊界通信も死後の世界は楽園のようだというメッセージを受けることがしばしばあります。

初代会長隈本確教祖は、己の神通力で霊界に探訪に出かけたことがあると語っているのを聞かされたことがあります。初代教祖は、霊界人は、ときに船の上で管弦の音楽を奏で、宴会のような、楽しいひとときを送っているのを見たと語っています。

常識を生きる現代人には、とても信じがたい光景です。仏教の経典でも、極楽は花と宝石に囲まれたきらびやかな所だと説かれています。

私の霊界のイメージは光に満ちた広大無辺の世界で光の衣《ころも》をまとった霊界人が、無限の彼方まで修行に励んでいるという姿です。しかし、これでは絵になりません。漫画としては、やはり船の上で酒盛りしたり、踊ったりしているほうが絵になります。漫画というのは、滑稽味を持った誇張画です。あの世の風景も当然ながら愉快なものとなるのは当然のことです。

# 念パワー、この不思議な生き霊の存在

念とは、端的にいえば、「想いのエネルギー」のことです。人を憎む、人を恨む、人に怒りの感情を持つ…ということは、その想念自体、凄まじいエネルギーということになります。

相手を強く想うエネルギーは、対象に向かってほとばしり、その想いのエネルギー（念パワー）は相手にいろいろな影響をもたらします。念のエネルギーによって対象者の心身に深刻な影響をもたらします。念のエネルギーに直撃された人は病気になったり、ふさぎ込んだり、運気が低迷したりします。

この念の強烈なエネルギーを応用して人を苦しめたり、病気になるように仕向けたり、ときには呪い殺したりします。「呪い殺す」という言葉がありますが、これはまさに呪いの念力によって相手を殺すことです。

本書では、真夜中に藁人形《わらにんぎょう》に五寸釘を打ち込み相手を呪う様が迫力を持って描かれています。まさに絵画ならではの迫力です。

この「念」というエネルギーは、必ずしも怒りや憎悪などの、人を呪う想いだけではありません。相手を激しく恋慕うなどの感情も、当然ながら想いのエネルギー（念）です。

漫画では恋の相手に飛んでいったエネルギーが相手の霊格が上のために想いが跳ね返されて戻ってきて、自分の想いをもろに受けて病気になる様が描かれています。これは隈本確理論の「返り念障害」といわれる現象です。すなわち俗にいう念返しのことです。

この現象は、よく見られる現象で、寓話《ぐうわ》的に「人を呪わば穴二つ」という教えになって現代にも流布しています。人を呪うなら、その人の入る穴だけを掘るのは間違いですよ。自分の穴も掘っておきなさいという教えです。

現代に通ずることわざは、人に害を与えれば、それはいつかは自分に跳ね返ってくる。むやみに人を呪うようなことをしてはいけないという教えです。穴は墓穴のことで、人を呪い殺せば報いを受けて自分も殺される。だから、相手と自分の墓の二つを用意しておきなさいということわざです。まさに返り念障害を想わせることわざということです。

人を呪う想念は、相手の霊格によって跳ね返されて自分に戻っ

てきて、相手にダメージを与えるつもりが、返り念（自分の想念）によって自分がおかされるということになるのです。

人を恋する激しい念、母が子を想う深い母性愛なども、念のエネルギーによって障害を受けることがあります。漫画で描かれた恋患いも、一種の念障害であることをドラマ化して見せたわけです。

初代会長隈本確教祖は、念による障害を生き霊の発するマイナスエネルギーとして重視していました。現代でも、明らかに念障害と思われる相談者が多数おり、浄霊して除霊することでその苦痛から脱しています。

## 霊の救済と奇跡の神霊治療

大霊界の法則の究極の目的は、さまよえる霊、すなわち、天界に入って修行を続けるということがかなわない低級霊の救済というところにあります。

もちろん、ここで低級という言葉を使っていますが、この言葉

は現界で使われる「高級・低級」の言葉を借りて便宜的に述べているわけです。

端的にいえば、天界で修行を続ける霊を「高級霊」と呼び、天界に昇ることのできなかった迷える霊を「低級霊」と呼んでいるだけのことです。しかし、実際は霊は高級、低級の分類になじまないものです。

何らかの事情で天界に入ることができずに、この世をさまよい続けている霊魂は、人間に憑依して霊の想いを伝えようとしているのです。すなわち、霊はおのれの浄化を求めているのです。天界に入っていけない理由を、仮に霊の汚れとした場合、力のある神霊能力者の手でその汚れを拭い去ってもらいたいのです。すなわち迷える霊は、自らの怨念を浄霊してもらいたいということなのです。無垢の霊となって天界に入って修行の場を見つけたいのです。その想いを訴えるために人間に憑依してくるのです。

憑依霊（凶霊、狂霊、悪霊、地縛霊、浮遊霊）は、浄霊されて浄らかな魂となり、天界に修行の場を確保したいのです。霊は人間に憑依することでしか、わが救いを訴えることはできません。ドラマチックにいえば、低級霊は両手を差し伸べて救いを求めている可哀想な霊魂ともいえるのです。

迷える霊魂になる理由は次のように分類できると私は自分の経験から漫画の中でも提示いたしました。

## 低級霊に堕ちる原因

①異常死
——戦乱などで殺された人。なぶり殺しにあうなどした人。
②無念死
——濡れ衣で処刑された人。だまし討ちにあった人。
③突然死
——突然の事故で一瞬に亡くなった人。寝首をかかれた人。
④未練死
——幼い愛児を残して死ぬ母。志半ばで果てた人。
⑤因業死
——悪業の数々を重ね、改悛しないで死んだ人。

漫画の中ではドラマチックにその理由が説明されています。
憑依霊になるというのは、ほとんどが自分の責任ではないということがわかります。自分の自業自得といえるのは⑤の「因業死」

だけです。他は、不幸にしてその場に存在していたために、低級霊になってしまったということです。
大霊界の法則の中に霊魂の浄霊、すなわち神霊治療が組み込まれているのは、霊魂の救済が大霊界（神霊界）の大きな目的の一つだからです。
この真実が、本書の漫画によって生々しく描かれています。見えない世界を漫画で描き切ったということに私は大いなる喜びを感じています。前述したように、活字離れで成長したヴィジュアル時代の青年男女の皆さんにも大霊界の真理がわかっていただけるであろうと期待しています。
末尾ながら、本書制作に尽力をいただいた、漫画家の稲葉稔氏ほか制作スタッフの皆さんに厚く御礼申し上げるしだいです。

了

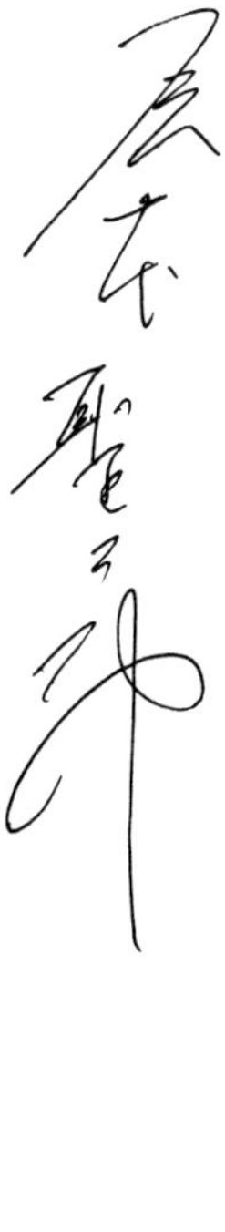

**原案・脚色**

# 隈本正二郎《くまもとしょうじろう》

法名　聖二郎《しょうじろう》

一九六五（昭和四〇）年、長崎市に生まれる。父、隈本確と同様、少年時代より数々の霊的体験をもつ。二〇歳の頃より日本神霊学研究会の初代会長隈本確教祖のもとで神霊能力者の修行を重ね、神霊治療の実践と研究を行ってきた。現在は、初代教祖隈本確の跡を継ぎ、日本神霊学研究会の聖師教を務め、神霊治療と若き神霊能力者の指導・育成にあたっている。著書に『神と霊の力―神霊を活用して人生の勝者となる』『神秘力の真実―超神霊エネルギーの奇蹟』『神・真実と迷信―悪徳霊能力者にだまされるな！』『大霊界真書』『神と霊の癒―苦しみが喜びに変わる生き方』『霊媒体質の克服―幸せを呼ぶ守護神を持て』（展望社）がある。

**漫画**

# 稲葉《いなば》　稔《みのる》

一九四七（昭和二二）年、和歌山県に生まれる。一九六八（昭和四三）年、貸本漫画家としてデビュー。以後、青年誌、コミック雑誌を舞台に活躍。他に、目黒区にて四〇年間絵画サークルで洋画を描き続け、毎年、美術館にて展示発表会などを行なっている。

# マンガでわかる大霊界

二〇一七年一一月一五日　初版第一刷発行
二〇一八年一〇月一一日　初版第二刷発行

原案・脚色―隈本正二郎
漫　画―稲葉　稔
発行者―唐澤　明義
発行所―株式会社展望社

郵便番号一一二―〇〇〇二
東京都文京区小石川三―一―七
エコービル二〇二
電　話―〇三―三八一四―一九九七
ＦＡＸ―〇三―三八一四―三〇六三
振　替―〇〇一八〇―三―三九六二四八
展望社ホームページ http://tembo-books.jp/

印刷・製本―株式会社 東京印書館
定価はカバーに表示してあります。
落丁本・乱丁本はお取り替えいたします。


ISBN978-4-88546-338-9

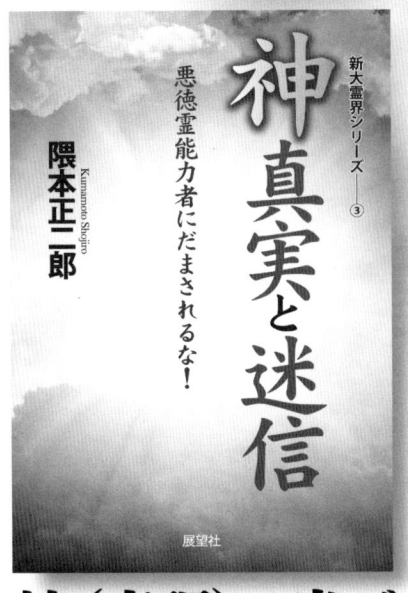